노老
보이차
품차와
감별

品
茶
與
鑒
定

KB186790

오래된 골동급 보이차들은
1990년을 전후한 시기에 홍콩에서 오랜 세월
저장되어 발효가 진행된 보이차들이 한국으로 들어
오면서 입소문을 타고 알려지기 시작했다. 부족하지만
필자는 경험과 연구를 통해『골동보이차』단행본을 출간
하면서 어느 정도 의문을 해소할 수 있는 자료를 제공할
수 있었다. 하지만 골동보이차는 가격과 희소성에서
접근하기 쉽지 않은 탓에 숫자급 보이차가 대세가
되었다. 숫자급 보이차란 1970년 이후 맹해차창이
민영화되는 2004년 10월 이전까지 생산된 보이차를
통칭한다. 호급 보이차나 인급 보이차가 유통되던 1990
년대만 해도 숫자급 보이차의 중요성이 대두되지 않았다.
2000년 이후 골동보이차 시장의 선호가 명확히 커지면서
수요량이 늘어나고 잔존 수량은 점점 줄어드는 시장 현황
은 가격 상승으로 이어진다. 그동안 골동보이차 마니아들
의 냉대를 받던 숫자급 보이차는 저렴한 가격과 수십년
세월의 진화를 거친 좋은 맛은 점차
그 가치를 드러내기 시작한다.

2000년 초반 전에는 숫자급 보이차에 대한 소장과
투자가 이루어지지 않았으니 맹해차창 정창과 중소형 차창에
서 생산된 차들을 구분하여 유통하지 않았다. 당연히 가격도
차이가 없었으며 비교나 감별하는 품감 문화는 더욱 찾아볼
수 없었다. 숫자급 보이차의 가격이 상승하기 시작하면서부터
맹해차창의 정품과 중소차창의 모조품의 가격은 날이
갈수록 격차가 커져 현재 시장에서는 90년대 생산된
보이차들도 2~4배이상 차이가 난다.
1970년대 이후 만들어진 숫자급 보이차는 포장지의
디자인과 글자가 같아 생산시기를 구분하기 쉽지 않다.
1990년대 상표권이 생기지 않은 중국에서는 민영화된 차창이
나 개인 차창들에서 생산되는 보이차의 겉 포장지도 국영차
창의 포장지 디자인을 그대로 모방하여 사용하였다. 생산시기
에 따라 종이 지질紙質의 차이가 있지만 구분이 쉽지 않다.

'골동보이차'를 출간하고 중국과 홍콩의 상인들과 교류하고
한국 여러 지역의 수많은 차인들과 교류하면서 의외로 한국에
소장된 숫자급 보이차가 적지 않다는 것을 알게 되었다.
숫자급 보이차 역시 호급 보이차처럼 미지의 세계와 같아 항상
자료 부족으로 인해 잘못된 인식이 많다. '골동보이차' 출간 후
숫자급 보이차 생산시기와 맹해차창 정창차를 구별할 수 있는
자료까지 정리 못했던 부분이 늘 아쉬움이 있었다. 향후 90년대
의 보이차가 대세가 되는 시기가 오리라 예측하며 소비하고
 소장하는 보이차 애호가들에게 도움이 되고자 지금도 더없이
부족하지만 그동안 경험과 연구를 바탕으로
숫자급 보이차에 대한 내용을 정리해 본다.

1장
보이차 변천사

CONTENTS

4장

노촌 보이차의 감별

CONTENTS

노老

보이차

품차와

감별

品
茶
與
鑒
定

보이차普洱茶의 세계는
넓고도 깊다. 차를 좀 마셨다는
마니아들은 한 번쯤 마셔보고
싶어 하는 매혹의 노老
보이차는 오랜 기간 동안
저장하며 저장환경에 의해
품질이 다양하기 때문에
그 특징을 이해하지 못하면
명확한 설명이 쉽지 않다.
먼저 보이차의 매력이
무엇인지 이해해야 하며,
보이차 종류 중에서
맹해차창에서 생산된 차를
최고의 보이차로 인정하는
이유에 대한 이해가 필요하다.
차근차근 한 가지씩 의문을
해소한다면 누구나 보이차의
전문가가 될 것이다.

노老
보이차

보이차

보이차는 대표적인 중국차로 손꼽히며 현대인들에게 점점 많은 관심을 불러 모으고 있다. 다양한 중국차의 세계에서 차 마니아에게 가장 큰 주목을 받는 차이기도 하다. 보이차에 대한 여러 논의가 있지만, 중국에서 국가적으로 정리한 GB/T22111-2008《지리표지산품 보이차(地理标志产品 普洱茶)》에 따른 정의가 가장 기준이 될 만하다. 보이차는 중국 운남성에서 생산된 대엽종의 찻잎으로 만든 쇄청모차曬靑母茶를 원료로 한다. 특별한 제다법으로 독특한 품질을 지니며, 형태에 따라 산차散茶나 긴압차緊壓茶가 있으며 차를 만드는 방법에 따라 생차生茶와 숙차熟茶, 두 종류가 있다. [1)]
산차란 찻잎 그대로 흐트러진 형태를 말하며 긴압차는 완성된 형태에 따라 병차餠茶, 호박처럼 생긴 금과공차金瓜貢茶, 벽돌 형태처럼 직사각형의 전차磚茶, 정사각형의 방차方茶, 버섯 모양의 긴차緊茶, 사발을 엎어 놓은 모양의 타차沱茶 등으로 구분한다. 타차는 크기에 따라서 250g 무게로 긴압한 큰 타차, 100g 무게로 긴압한 타차, 초콜릿처럼 작은 10g 미만의 소타차 등으로 구분하며, 긴차는 버섯차 또는 향고라고 부른다.
중국 운남 지역은 차의 발원지이며 보이차의 생산지이다. 예로부터 운남 사람들은 신선한 보이차를 마셨다. 청대의 보이차 음다飮茶 방식도 마찬가지였다.

긴차

방차

금과공차

병차

소병차

전차

타차, 대타차

주로 신선한 햇 보이차를 마셨으며 쓰고 떫은 맛이 약한 어린 찻잎으로 만든 부드럽고 순한 차를 고급차로 간주했다.

운남의 차 역사는 유구하다. 차의 음용은 동한東漢(25~220년) 시기부터라고 하나, 차나무가 생산했다는 기록만 있을 뿐, 형태와 제다법이 지금의 보이차와는 완전히 다르다. 당唐(618~907년), 송宋(960~1279년) 시기에는 차마고도를 통해 티베트로 차가 수출되었다는 기록이 있다. 보이차의 융성기는 청淸(1616~1912년)이 들어서며 시작된다. 옹정雍正(1723~1735년) 때부터 광서光緖(1875~1908년) 때까지 200여 년간 보이차는 황실공차皇室貢茶로 신분이 상승했다. 옹정 7년(1729년)에는 이무易武 차산을 공차貢茶[2] 전문 채집 지역으로 지정한다. 『보이부지普洱府志』에 따르면 건륭乾隆 9년(1744년) 궁정에서 보이차를 정식으로 《공차안책貢茶案冊》에 등록했고, 보이부普洱府에서 매년 전용 자금으로 사모정思茅廳에서 고古 6대 차산에 걸쳐 공차를 채집했다. 기록에 따르면, '입산해서 차를 하는 사람이 10여 만인入山做茶者十餘萬人'일 정도였다.[3]

청나라 시기 활발하게 생산되던 보이차는 주로 내륙 지역인 북경과 티베트 쪽으로 판매 되었다. 1850년 전후 내륙 지역의 판매 대신 홍콩으로 수출하게 된다. 1850년 운남성의 북부 지역인 대리에서 두문수라는 사람이 민란을 일으키면서 보이차의 운송 길이 막히게 되자 차를 판매하던 상인들은 라오스, 베트남을 통해 홍콩으로 새로운 판매처로 개척하게 된다. 때마침 홍콩은 아편 전쟁의 영향으로 많은 인구가 유입되면서 차루茶樓[4]가 성업하게 된다. 차루에서는 간단한 음식과 함께 보이차를 마시면서 소비가 활발하게 이루어지게 된다.

운남성에서 생산된 많은 수량의 보이차가 홍콩으로 수출되면서 활발하게 소비가 이루어지게 되고 또 한편으로 다루茶樓의 창고에 대량으로 보관하게 된다. 1930년 이후 보이차 음다 소비에도 변화가 일어나게 된다. 시대적 상황에 따라 약하지만 발효된 보이차가 등장하기 시작하면서 점점 발효된 보이차를 즐기는 사람이 늘어나게 된다. 이후 1950~1980년대에는 점점 발효가 많이 진행된 보이차를 찾는 사람들이 늘어나며 소비와 생산 트렌드로 변화한다.

1990년을 전후한 시기에 전통적으로 보이차를 판매하던 육우차루陸羽茶樓, 돈황차루敦煌茶樓, 금산루金山樓 등을 통해 오랜 세월 동안 저장되었던 창고가 개방되면서 잊혀진 보이차들이 세상 밖으로 나와 유통되기 시작한다. 오랜 세월이 지난 보이차들은 특별한 약리적 효능이 입소문을 타고 대만과 한국으로 수입되면서 오늘날 골동보이차 시장이 형성되는 계기가 된 것이다.

2005년 이후 보이차 시장이 점점 확대되었으나 오래된 보이차는 한정된 수량으로 인해 가격이 가파르게 상승하게 된다. 또한 자료와 이해의 부족으로 동일한 종류의 보이차라도 저장된 창고와 위치에 따른 품질 편차와 진위 여부의 구별이 쉽지 않자 오래된 보이차들의 불신으로 이어지게 된다.

오랜 세월 동안 저장되어온 보이차들은 1956년 이전에 대부분 개인차창에서 만들어졌다. 보이차 이름 뒤에 호號자로 끝나는 차를 통칭해서 호급 보이차號級 普洱茶, 1950~1970년 사이에 생산됐으며 보이차 이름 뒤에 인印자로 끝나는 차를 통칭해서 인급 보이차印級 普洱茶, 1972~2004년 사이에 생산됐으며 숫자로 이름 지은 차를 통칭해서 숫자급 보이차로 구분한다.

골동보이차는 생상된지 최소 50년이 지난 차로서 1900년 초에서 1970년 중반까지 공인된 차창에서 만들어진 보이차를 말한다.5) 1972년 이후에 생산된 숫자급 보이차로 2004년까지 국영차창 시절에 생산된 최소 20년 이상 되었을 뿐만 아니라 어느 정도 발효가 진행된 차를 진년 보이차라고 할 수 있다. 이를 통칭해서 노老 보이차라고 한다.

보 이 차
생 산 의
흐   름

보이차는 중국 정부의 정책에 따라 생산에 밀접한 영향을 미치게 된다. 새로운 정책이 발표될 때마다 회사 명칭이 바뀌고 생산 체계에도 변화가 생기게 된다. 각 차창마다 생산되는 보이차 종류가 다른 것이 그 이유다. 운남성차엽진출구공사를 중심으로 수출이 이루어지다 개혁개방을 맞으면서 각 차창은 독립적으로 생산 유통을 할 수 있게 되었다. 1990년 이후에는 국가 운영 차창들이 민영화가 되기 시작하면서 중소 차창들 뿐만 아니라 개인들이 운영하는 차창들이 생겨나기 시작한다. 중화인민공화국 건국 이후인 1949년부터 국영차창이 민영화되는 2004년 이전 50여 년의 세월 동안 시대적 상황과 정책에 따라 크고 작은 변화들이 끊임없이 일어나게 된다. 노老 보이차를 즐기는 사람들에게는 국영차창 시절 만들어진 보이차의 생산시기의 감별, 진위를 감별하는 것이 무엇보다 중요하다. 진품 감별과 향과맛의 특징 두 가지를 다 안다는 것은 쉬운 문제는 아니다. 그렇지만 개략적으로 큰 변화에 따른 흐름을 이해한다면 누구나 어느 정도는 보이차의 생산시기와 정창차의 진위를 감별할 수 있기 때문에 시장에 만연해 있는 잘못된 노老 보이차 스토리에 휘둘리지 않을 것이다.

우리 주변에 떠도는 보이차에는 재미있는 스토리가 많다. 그럴싸한 이야기를 듣다 속아 넘어가는 것은 중국의 정책에 따라 변화하는 생산 구조와 보이차 시장의 흐름에 대한 이해 부족 때문이다. 아래 언급되는 내용이 절대적인 정답이 될 수는 없다. 보이차의 생산과 저장에는 예외적인 현상들이 부지기수이기 때문이다.

중국 보이차 생산은 크게 내소內銷판매6), 변소邊銷판매7), 교소僑銷판매8)로 구분되며 각 차창에서 원료부터 포장까지 다르게 생산하게 되었다. 내소판매와 변소판매는 중국 내륙과 티베트, 몽고 등의 지역 으로 판매를 하였다. 이러한 사실을 볼 때 보이차는 중국 내륙지역에서도 특정 지역에만 소비가 이루어 졌다는 것을 알 수 있다. 간혹 오래된 보이차가 중국 특정 지역에 보관되어 있다가 발견되었다는 이야기는 전형적인 가짜 노老 보이차의 통속적인 스토리다. 중국 내수 시장에서 보이차 소비가 활성화되면서 시장이 성장하게 된 시기는 1990년 이후이다. 중국 전 지역에서 보이차 시장이 급격하게 확대되면서 생산된 보이차의 종류가 많아진 시기는 2003년 이후이다. 1950년 이후 국영차창들이 민영화되기 전인 2004년까지 보이차 생산의 큰 흐름을 살펴볼 필요가 있다.

1950년 9월	중국차업공사운남성공사中國茶業公司雲南省公司 설립.
1951년 9월	보이차 포장지 중앙의 여덟 개의 중中자와 가운데 차茶자를 넣고 아래 쪽에 중차패中茶牌 글자로 디자인된 팔중차 중차패 도안을 상표 등록하고 인급 보이차 생산.
1956년	개인차창들이 국가차창으로 통합되고 호급 보이차를 생산하던 개인차창은 모두 사라지게 된다. 이후 모든 보이차는 국영차창에서 생산.
1972년	중국토산축산진출구공사운남성차엽분공사中國土産畜産進出口公司雲南省茶葉分公司로 회사 명칭 변경되고 포장지 도안도 바뀌게 되면서 이후 생산된 모든 보이차는 운남칠자병차 중차도안.
1974년	악퇴발효의 제다법을 성공하고 맹해차창과 곤명차창에서 숙차를 대량 생산.
1976년	보이차의 효율적 관리를 위해 보이차 상품명을 숫자로 표기하며 생산 차창의 고유번호를 부여.
1985년	성공사를 통하지 않고 직접 차창에서 주문 생산 판매.
1985년	홍콩 남천공사에서 8582 주문 생산하였으며 숙차는 8592를 주문. 1989년에 생산된 8592에는 천天자 도장을 찍음.
1989년	맹해차창에서 대익패 상표를 등록.
1990년	하관차창에서 보염패 상표를 등록.
1992년	하관차창에서 기존 보염패 상표가 있었지만 별도로 송학표 상표를 등록.
1994년 1월	보이차창에서는 보수패 상표를 등록.
1994년	운남하관타차고분유한공사로 하관차창의 회사 명칭이 변경.
1995년	곤명차창 이전하면서 개혁 단행하고 차창규모 줄이면서 잠시 생산 중단.
1996년	맹해차창에서는 대익패 상표의 보이차를 생산 (하단글자 서쌍판납맹해다업유한책임공사 표기).
1999년	하관차창은 운남하관차창타차(집단)고분유한공사로 회사 명칭이 변경.
2004년	하관차창, 맹해차창, 민영화.

보 이 차
제   다
변 천 사

노老 보이차 세계는 마치 미로와 같이 다양하면서 복잡하다. 차의 종류가 다르며 생산시기와 저장 상태에 따른 품질의 편차와 제다 방법에 따른 맛의 특징이 다르고 형성되는 가격도 천차만별이다. 보이차를 이해하기 위해서는 저장 상태에 따른 발효의 편차를 이해하는 것도 중요하지만, 제다 방법에 따른 향과 맛의 특징을 이해하는 것이 중요하다. 이러한 특징을 잘못 이해하면 '차가 좋다' '나쁘다'로 접근하기 쉽다. 보이차는 특성상 후 발효차이기 때문에 항상 진행형이라는 것이다. 현재는 품질이 조금 부족할 수 있지만, 시간이 지나면 발효나 거풍을 통해서 좋은 차로 발전하는 차들이 부지기수로 많기 때문이다.

노老 보이차는 제다방법이 가격 결정에 직접적으로 영향을 미치기도 하지만 제다 방법에 따라 향과 맛의 특징이 다르기 때문에 내 몸에 내 입맛에 맞는 차를 선택하기 용이하다. 또한 제다 방법을 잘 이해하면 내 몸과 입맛에 맞는 차를 선택하기 용이하다. 사람은 누구나 동일한 차 일지라도 맛있게 느끼는 사람이 있는 반면에 그렇지 않게 느끼는 것도 체질과 입맛의 차이 때문이다.

보이차를 만드는 방법은 다양하다. 보이차를 만드는 방법은 시기마다 소비자 트랜드 요구에 따라 시간이 흐르면서 다양하게 변화 발전되었다. 1950년대 이전인 호급 보이차 시기 차를 만들든 방법, 1950년대 이후 인급 보이차가 만들든 방법, 동일한 시기에 홍콩에서는 변방에서 생산된 모차를 홍콩에서 발효시켜 만들든 방법, 1970년대 이후 홍콩 소비자의 입맛에 맞추기 위해 다양한 방법으로 발효를 빨리 진행 시키기 위해 시도되는 방법등으로 변화 발전되게 된다.

아직 선행 연구된 논문이나 전문 서적이 없기 때문에 제다 용어의 정립은 확정된 것이 없다. 이 책에서 기술하는 내용들은 필자의 경험적 사견이며 보이차를 이해하기 쉽도록 구분하여 정리하였다. 선행 연구된 논문이나 전문 서적이 없기때문에 보이차 제다의 정확한 기준은 없다. 시대적 상황에 따라 트렌드가 바뀌고 소비자의 수요에 의해 끊임없이 변화되어 왔기 때문이다. 중국 운남성에서 정의한 보이차와는 제다에서 차이가 있다는 사실을 알아야 한다. 그러므로 보이차에 대한 전문지식을 가진 사람들은 운남성에서 보이차에 대한 정의가 실제 보이차의 원료나 제작에 맞지 않는 부분들이 있음을 알고 있다.

1920년대
생모차　긴압

1920년대 호급 보이차들에서 나타나는 특징으로 생모차生毛茶로 긴압한 방법을 말한다. 봄 찻잎과 가을 찻잎이 골고루 섞여 있는 것이 특징이다. 당시 차를 만들 때를 생각하면 지금처럼 산업화가 되기 전이니 모든 차가 당해 연도 생산된 생모차로 긴압하였다고 할 수는 없을 것이다. 1920년대 만들어진 보이차를 품감해 본 결과 최소한 발효가 이루어지지 않은 모차로 긴압하였다는 것은 알 수 있다. 솥에서 살청한 다음 유념揉捻[9]을 강하게 하여 찻잎의 부피를 최대한 줄였다.

병면의 찻잎은 우람하고 크긴 하나 실제 차를 우려 엽저를 살펴보면 온전한 형태의 찻잎은 병면에서 보이는 찻잎보다 훨씬 큰 것을 알 수 있다. 유념을 강하게 하여 찻잎의 크기를 최대한 줄였기 때문이다. 유념을 강하게 한 차를 우려 보면 차의 성분이 풍부하게 침출될 뿐만 아니라 바디감이 풍부하고 맛이 묵직하면서 폭이 넓다. 병면 색상은 찻잎이 가진 고유의 색상인 녹색에서 발효된 후 나타나는 짙은 군청색이나, 진갈색이다. 탕색은 진홍색, 암홍색이며 심도는 투명하다. 약장향이 나며 여러 번 우려도 차 맛이 꺾이지 않고 오랫동안 맛이 균일하게 나타난다. 현재 골동보이차 경매 시장에서는 생모차로 긴압한 차들은 연대를 불문하고 높은 가격이 형성되고 있다. 대표적인 차로는 1920년대 만들어진 복원창호, 송빙호, 쌍사 동경호, 박지 동흥호, 1940년대 만들어진 경창호, 강성호 등이 있다.

생모차로 만든 1920년대 남표 복원창

1930년대
발 수 발 효
긴   압

발효가 이루어 질수 있는 방법이 1937년『교육과 과학(敎育與科學)』잡
지에 이불일李拂一 기고문에는 보이차 초제初制10) 후 바구니에 담은 차
에 수분을 첨가해 찻잎이 파손되는 것을 막았다는 내용이 나온다.11) 운송
의 편리를 위한 이 과정은 모차에 수분이 더해지면서 열이 발생하고 의도
치 않은 발효가 이루어짐을 짐작 할 수 있다. 이 방법은 향후 모차에 물을
뿌려 발효를 시키는 발수潑水발효 방법으로 발전하게 된다. 발수발효시킨
모차로 긴압한 차들의 병면 색상은 짙고 어두우며 진흑색을 띤다. 병면에
서 찻잎의 형태는 뚜렷하지 못하다. 우려낸 맛은 농하긴 하나 맛이 두툼하
지 못하고 얇다. 내포성이 약해 7~8회 우려내면 맛이 급격하게 꺾이며 얇
아진다. 탕색은 짙은 진갈색이나 암갈색도 나타난다. 약장향이 나며 탕색
은 맑고 심도가 깊다. 1930년대 만들어진 하내원차, 맹경원차, 1950년대
만들어진 백지 송빙호 등이 대표적이다. 오랜 세월이 지난 호급 보이차이
지만 현재 골동보이차 경매시장에서는 높은 가격이 형성되지 않고 있다.

발수발효 모차로 만든
1930년대 하내원차

1930년대
산화발효된
모차긴압

1930년대 만들어진 정흥호, 동창호 등에서 나타나는 제다법이다. 위조를 통해 산화발효酸化醱酵12)가 약간 진행된 모차로 긴압하는 방법이다.13) 1939년 운남에는 홍차 가공 공장이 생기게 된다. 보이차의 제다법에도 홍차의 제다법이 영향을 미치게 된다. 위조萎凋14)과정은 청차를 만들 때 주로 사용되는 방법이나 홍차에서도 위조를 진행 시킨다. 위조를 하게 되면 향기 성분은 증가하여 과일 향이 나며 카테킨 성분은 산화되면서 찻잎은 약간 붉게 변하고 떫은 맛은 감소하는 특징이 있다. 위조 즉, 찻잎을 시들리는 과정을 통해 찻잎 수분이 증발하여 모차 긴압시 생모차에 비해 긴압 정도가 느슨한 특징이 있다. 주로 어린잎보다는 노엽老葉15)으로 만들 때 사용되는 제다법이다. 병면 색상은 산화된 모차로 긴압해 암갈색이 난다. 차맛은 두툼하지 못하고 얇고 내포성이 약하여 7~8번 우리면 차 맛이 급격히 떨어진다. 탕색은 진홍색이나 암홍색이 난다. 약장향이 나며 탕색은 맑고 심도가 깊다. 오랜 세월이 지난 호급 보이차임에도 현재 골동보이차 경매시장에서는 높은 가격이 형성되지 않고 있다. 대표적인 차로는 람표 정흥호 등이 있다.

1930년대
증압된
모차긴압

1937년『교육과 과학教育與科學』잡지에 이불일李拂一씨 기고문에서 보이차 만드는 방법에 "찻잎을 산지에서 압축했다가 차창에서 증기를 쐬서 다시 산차의 형태로 복구시킨다"[16]라는 내용이 있다. 모차에 증기를 쐬게 되면 뜨거운 증기에 의해 찻잎이 살짝 익는다. 이런 차는 외형에서도 찻잎의 형태가 뚜렷하지 못하고 탄력이 없어 보이며 우려낸 엽저를 만져보면 탄력이 없이 뭉그러지는 느낌이다. 1930년대 후반에 만들어진 호급 보이차인 말대긴차 종류인 정흥긴차와 맹경긴차에서 볼 수 있다.

병면 색상은 진갈색이나 진흑색이 난다. 우려낸 차 맛은 두툼하지 못하고 얇고 내포성이 약하며 7~8번 우리면 차 맛이 뚝 떨어진다. 탕색은 진갈색이나 암갈색이 난다. 약장향이 나며 탕색은 맑고 심도가 깊다. 우려낸 찻잎 엽저를 만져보면 살짝 익은 찻잎의 느낌인 뭉클뭉클 하면서 탄력이 없다. 오랜 세월이 지난 호급 보이차임에도 현재 골동보이차 경매 시장에서는 높은 가격이 형성되지 않고 있다.

증압된 모차로 만든 1930년대
정흥긴차

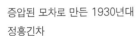

생모차로 긴압된 1950년대 남인철병

1950년대
생 모 차
긴   압

1950년대 만들어진 인급 보이차는 생모차로 제다하여 긴압했다. 1920년대 생모차 긴압과는 차이가 있다. 1920년대 생모차는 계절별 채엽한 찻잎을 섞어 병배했다면 인급 보이차는 여러 산지의 찻잎이 섞어 병배를 했다. 유념에서도 1920년대 모차보다 좀 더 강하게 유념한 것이 특징이다. 쓰고 떫은 맛이 지나치게 강해 소비자의 외면을 생산 당시에는 받았다고 한다. 차가 만들어진 1950년대 홍인이 인기가 없었다는 사실은 홍콩 명향차창 진덕陳德 대표의 구술을 통해 당시 차 맛이 지나치게 쓰고 떫은 맛이 강해 소비자의 외면을 받자 산차 1톤을 구매하면 홍인 1건(12통, 84편)을 끼워 주기도 했다고 밝히고 있다.[17] 홍인을 비롯한 인급 보이차의 원료는 현재 용어로는 고수차이며 과거 용어로는 야생차이다. 요즘 만드는 야생 고수차와 인급 보이차가 만들어졌던 당시의 야생 원료는 비슷할 수 있지만, 제다법에서는 차이가 있다. 원료의 병배 방법이나 제다 과정에도 차이가 있겠지만 특히 유념 정도의 강약 차이가 크다. 요즘 고수차들은 최대한 유념을 적게 하여 쓰고 떫은 맛이 침출되지 않게 하고 있다.

그런 이유로 인해 우려낸 찻잎을 살펴보면 형태가 온전하게 살아 있다. 병면 색상은 찻잎이 가진 고유의 색상인 녹색에서 발효된 후 나타나는 짙은 군청색이나, 진갈색이 나며 탕색은 진홍색, 암홍색으로 심도가 투명하다. 장향이 나며 여러 번 우려도 차 맛이 꺾이지 않으며 오랫동안 맛이 균일하게 나타난다. 1950년대 만들어진 인급 보이차 대부분은 현재 골동보이차 경매시장에서 골동보이차의 기준이 되며 높은 가격이 형성되고 있다.

1950대~1970년대
조수발효, 열증발효
모 차 긴 압

조수발효潮水醱酵는 모차를 쌓아두고 직접 물을 뿌려 발효를 진행시킨 모차로 긴압하는 제다법이다. 홍콩의 영기차창 동생인 노주훈盧鑄勛씨에 의해 연구 발전되었다고 전해진다. 처음에는 모차 10근에 물 2근을 뿌렸고, 천을 덮어 두면서 미생물 발효를 유도했다. 내부의 온도가 75℃까지 올라가면 뒤집어준다. 이런 과정을 몇 차례 반복하면서 발효를 진행 시킨다.[18] 1950년대 초반 이러한 제다법으로 생모차를 숙모차로 발효를 진행 시킨 후 긴압하게 된 것이다. 이후 1958년 홍콩에서 만들어진 초기 광운공병 역시 비슷한 제다 과정을 거쳐 만들어지게 된다.

열증발효熱蒸醱酵는 모차에 뜨거운 증기를 쐬는 과정을 통해 발효가 진행된 모차로 긴압하는 방법이다. 1940년대 불해차창 시절, 모차에 증기를 쐬어 운송이 편리하게 큰 덩어리 전차로 만들고 다시 증기를 쐬어 풀어 헤친 다음 긴압하여 만들던 방법을 응용 발전시킨 방법이다.

1958년에 맹해차창에서 증기를 쬐서 큰 덩어리로 1차 가공된 모차를 하관차창이나 곤명차창으로 보냈고, 하관차창이나 곤명차창에서는 다시 증기를 쬐서 덩어리를 해체하여 보이차를 만들었다. 『보이차기普洱茶記』의 기록에 따르면 1965년 조진흥曹振興(맹해차창 작업반장)의 주도하에 후 발효 실험으로 생산을 시도했지만, 후 발효공정이 완전하지 못하고 불안정했다고 밝히고 있다. 홍콩으로 판매한 차에도 이러한 생산 방식으로 제다한 차를 판매한 기록이 있으며 운남청雲南靑으로 명명했다고 한다.19) 이러한 제다법은 국영차창 시기 발효 공정에 대한 초기 기록이며 1970년대 이후 대남인, 대황인 등을 만들게 된다.

1970년대 조수발효 대남인

조수발효, 열증발효는 용어만 다를 뿐 근본적으로 모차에 수분을 공급하여
발효를 진행 시키는 원리는 동일하다. 단지 모차의 양과 물의 양, 발효를 진
행 시킨 정도의 차이만 있을 뿐이다. 이런 차이에 의해 발효 정도가 다르다
보니 병면 색상, 우려낸 탕색의 차이, 맛이 지속되는 내포성의 차이가 다를
수밖에 없다. 그러기 때문에 병면의 색상, 탕색의 색상을 동일하게 표현할
수 없다. 대체로 병면이나 탕색은 진홍색이나 암홍색이 난다. 맛의 바디감
은 풍부하지 못하며 얇고 7~8회 우려내면 맛이 금방 꺾이게 된다. 이러한
제다법으로 만들어진 차들은 오랜 시간이 지났음에도 불구하고 현재 골동
보이차 경매 시장에서 낮은 가격으로 거래가 이루어지고 있다.

1 9 7 0 년 대
악 퇴 발 효 후
모 차 긴 압

보이차의 최대 수요처인 홍콩에서 발효된 숙차를 선호하게 되자 대량으로
모차를 발효시키는 제다법으로 연구 발전하게 된다. 이렇게 만들어진 보이
차를 악퇴 발효된 숙차라고 한다. 1974년 곤명차창과 맹해차창에서는 소
량으로 발효시키는 조수발효나 열증발효 제다법의 한계를 극복하기 위해
대량으로 모차를 한 번에 발효시키는 방법을 성공하게 된다.

악퇴발효시킨 모차로 만든
1970년대 중반 73후전차

악퇴발효 초창기인 1974년 이후 만들어진 숙차는 악퇴발효 정도를 약하게 진행시켜 생차의 성질이 남아 있는 것이 특징이다. 1990년대 들어와서는 모차의 양도 늘어날 뿐만 아니라 한 번에 악퇴발효 시키고 발효의 정도도 많이 진행 시키는 쪽으로 발전했다. 악퇴를 많이 진행한 차의 가장 큰 특징은 악퇴과정에서 수반될 수밖에 없는 특유의 악퇴향이다. 또한 생차의 성질은 남아 있지 않고 맛이 밋밋하다. 악퇴과정은 모차를 쌓아두고 물을 뿌려 인위적으로 습도와 온도를 상승시켜 미생물 활동을 통해 찻잎의 성분을 분해 발효시키는 방법이다. 병면을 살펴보면 긴압된 찻잎의 형태가 뚜렷하지 못할 뿐만 아니라 뭉그러진 느낌이 나며 탕색은 진갈색이나 암흑색이 난다. 잘 발효된 숙차는 조향이나, 다크 초콜렛 향이 나며 맛은 농익은 깊은 맛과 쓰고 떫은 맛은 약하게 느껴진다. 쓰고 떫은 맛이 약하다 보니 회감이 약하며 오미五味20)에서 즐길 수 있는 요소가 부족할 수밖에 없다.

1990년대
퇴적발효
모차긴압

1990년대 들어오면서 주로 중소차창에서 사용됐던 제다방법이다. 1990년을 전후한 시기에 팔리지 않은 모차가 창고에 쌓인 채 방치되어 있었다. 짧게는 몇 년, 길게는 십 년 이상 방치된 모차는 약하지만 산화발효가 지속적으로 진행되었다. 1990년대 초·중반에 이르러 보이차 시장이 조금씩 확대되면서 방치된 모차를 긴압해 유통하게 된다. 몇 년 지난 모차는 수분이 감소해 긴압을 해도 긴압의 정도가 생모차에 비해 매우 느슨한 편이다. 긴압된 상태가 느슨하고 산화발효가 어느 정도 진행된 모차는 쓰고 떫은 맛이 적고 맛이 자극적이지 않아 오래된 노老 보이차로 속여 유통되곤 하였고, 유통과정에서 이런 종류의 보이차를 번압차飜壓茶라고 표현하였다. 병면의 색상은 약간 검고, 어두운 편이다. 긴압 정도는 느슨해 마치 오랜 세월이 지난 보이차처럼 찻잎이 잘 뜯어지는 특징이 있다. 탕색은 진홍색이고 맛의 바디감은 얇고, 쓰고 떫은 맛은 뚜렷하지 못해 한풀 꺾인 듯한 맛의 특징을 지니고 있으며 전체적인 맛의 조화로움이 떨어진다. 이런 종류의 차들에서도 저장환경을 통해 발효가 이루어진 차와, 실온에서 저장되어 발효가 이루어지지 않은 차로 구별해 볼 수 있다. 생모차로 긴압하여 만들어진 차와 병면 색상이나 맛에서 약간 차이가 있을 뿐 큰 차이점이 없기 때문에 구분하는 것이 쉽지 않다. 이런 차들은 주로 중소차창에서 만들었으며 실제 생산년도를 높여 맹해차창 정품차로 속여서 유통하는 대표적인 차이다.

중소차창에서 퇴적발효 모차로 만든차

증청모차로 만든
1990년대 후반 철병

1990년대
증청모차
긴   압

1960년~1970년대 사용됐던 열증발효를 응용 발전시킨 제다법이다. 찻잎을 뜨거운 증기에 살짝 쪄낸 후 긴압하거나, 긴압시 수증기를 오랫동안 쐬어 찻잎을 살짝 익힌 채로 긴압한 차를 말한다. 증청蒸靑21)을 하게 되면 차의 떫은 맛은 감소되나 쓴맛은 좀 더 두드러지는 특징이 있다. 1980년대 후반 하관차창에서 만든 반선긴차가 증청모차 긴압 제다법으로 만들어진 대표적인 차이다. 1990년대 후반부터 홍콩 상인들이 운남 현지에서 주문 생산하게 된다. 병면 색상은 생모차로 긴압했을 때와 비슷한 색상이 나나 찻잎의 형태가 뚜렷하지 못하다. 비록 제다의 방법은 동일하지만 긴압 당시의 짙은 녹색에서 후발효가 진행될수록 더욱 짙은 진갈색이 난다. 악퇴발효 숙차에서 나타나는 향이 살짝 나며 충분히 발효된 차는 약장향으로 변한다. 떫은 맛은 자극적이지 않고 순하며 쓴맛이 약간 두드러지며 바디감이 얇다. 혀 끝에 닿았을 때 느낌은 심심하며 회감에서 단침이 약함을 느낄 수 있다. 전체적인 맛의 조화로움은 부족한 편이다. 주로 중소차창에서 만들었으며 맹해차창 정품차로 속이거나 실제 생산연도 보다 높여서 유통되는 대표적인 차 중 하나이다.

1990년대
반생반숙
모차긴압

반생반숙 모차로 만든 1990년대 후반 철병

생모차와 숙모차를 섞어 긴압한 차를 말한다. 1990년대 이후 재고로 쌓여 있던 생모차와 악퇴를 시킨 숙차를 섞어서 긴압해 만들었으며 생모차와 숙모차를 섞는 비율은 차창마다 다르고 주문하는 사람에 따라 다를 수 있다. 10~50%까지 섞여진 비율에 따라 이분숙차, 삼분숙차라는 용어를 사용하기도 한다. 이분숙차, 삼분숙차의 의미는 반생반숙차의 제다법에서 섞여진 비율에 따라 사용하던 용어이며 다르게는 악퇴숙차의 발효 정도에 따라 사용하기도 한다. 동일한 방법으로 만들어진 차이지만 발효될 수 있는 환경에서 저장되어 발효가 진행된 차와 실온에 저장하여 발효가 이루어지지 않은 차는 향과 맛에서 큰 차이가 난다. 먼저 반생반숙으로 제다하였지만 저장 환경에서 후 발효가 진행된 차는 숙차 특유의 악퇴향과 생차 특유의 풋향이 발효된 진년 향으로 변하였으나 전체적으로 얇고 싱겁다. 반생반숙으로 제다하여 후발효가 진행되지 않은 차의 향은 숙차 특유의 악퇴향과 생차 특유의 풋향이 서로 어우러지지 못하고 따로따로 난다. 전체적인 맛은 얇고 가벼우며 회감은 약하다. 병면은 찻잎의 형태가 뚜렷하지 못하며 두 종류의 찻잎이 섞여 있음을 알 수 있다. 차를 여러 번 우려내고 엽저를 살펴보면 확연히 색상에서 차이가 나는 두 종류의 찻잎이 섞여 있음을 알 수 있다.

홍콩은 보이차의 주 소비지역이면서 일부 보이차를 직접 생산했다. 차나무의 재배와 생산을 의미하는 것이 아니라 변방 지역에서 모차를 가져와 홍콩에서 소비자의 트렌드에 맞게 발효시켜 판매한 것이다. 진품이 아닌 호급 보이차 모방품들은 대부분 1960~1990년 사이에 제작된 차들로 홍콩에서 모차에 물을 뿌려 발효시킨 후 긴압했다. 또한 옛날 호급 보이차의 내비를 모방하여 얼핏 보면 진품 보이차와 구별하기 힘들게 만들었다.

1974년 맹해차창이나 곤명차창에서 성공한 악퇴발효 제다법 역시 홍콩에서 먼저 시도되었으며 훗날 연구를 통해 숙차 대량 생산에 응용하게 된 것이다. 지금은 숙차보다 생차의 선호도가 높고 가격도 비싸지만, 1950~1990년 사이 홍콩에서는 생차보다 숙차를 선호했으며 가격도 비슷하거나 더 비싸게 거래되었다.

홍콩에서 만들어진 1970년대 동흥호

홍콩에서 만들어진 1960년대 보성호

홍콩에서 만들어진 1960년대 복화송빙호

1850년 전후 홍콩에 보이차가 처음 보급되기 시작할 때는 지금 우리가 알고 있는 숙차라는 발효된 보이차는 없었다. 생차만 수입되어 소비되다가 1930년 대 이후 발수발효潑水醱酵22) 시킨 보이차가 등장하면서부터 발효된 보이차를 선호하게 된다. 이후 생차보다는 숙차를 선호하는 소비자가 점차 늘어나게 되면서 보이차를 만드는 제다과정에도 변화의 바람이 불었다. 시대적인 흐름에 따라 선호하는 보이차 맛이 변화되는 흐름으로 볼 때 최근 유행하는 보이 신차의 시장도 또다시 발효된 보이차로 흐름이 바뀌지 않는다고 누구도 장담할 수 없다. 홍콩에서 보이차 관련 상황들을 시대별로 요약해 보았다.

1950년대	차루茶樓를 중심으로 보이차 소비.
1954년	노주훈(영기차장) 설립 후 변방 모차로 홍콩에서 발효차를 긴압하여 모방품 호급 보이차 생산.
1958년	광동다엽공사에서 발효 모차를 이용하여 광운공병 생산.
1960년대	의안차장義安茶莊을 중심으로 소매시장 형성.
1960~1990년대	변방 지역의 모차를 가져와 홍콩에서 발효시켜 모방품 호급 보이차 생산.
1950~1990년	발효도가 높은 보이차를 시장에서 선호.
1970년~1990년	발효된 보이차의 선호로 생차가 빨리 발효될 수 있게 습도와 온도가 높은 창고에 1970년~1980년대 생산된 보이차를 저장.
1988년	진국의 다예낙원 오픈(89년~91년 운남성차엽공사를 통해 7542 매입). 훗날 88청병 건창차로 유명해짐.
1990년	차루의 보이차 저장 창고를 통해 인급 보이차, 호급 보이차 순으로 유통. 육우차루: 진운호. 쌍사홍태창. 동창호. 남인철병 유통. 돈황차루: 동흥공차. 동흥호. 경창호. 홍인. 7572, 복원창, 송빙호, 동흥호, 동창호 유통.
1990년대 중 후반	호급 보이차인 1940년대 경창호, 1920년대 송빙호 등 유통.
2004년	금산루 저장 창고를 통해 인급 보이차와 숫자급 보이차 대량 유통.

1950년대~1990년대까지 여러 종류의 호급 보이차와 비슷하게 내비를 넣어 만든 보이차들은 대부분 홍콩에서 생산되었다. 대표적인 모방품 호급 보이차들은 송빙호, 천신호, 강성호, 경창호, 진운호, 동경호, 동흥호, 홍순상, 보이홍, 보성호, 영무창 등이 있다.23)

1950년대 이후 홍콩 보이차 시장의 트랜드는 발효된 보이차이다. 1930년대 운남의 현지에서는 의도하지 않았지만 보이차가 발효되는 방법이 등장하고 서서히 가볍게 경발효輕醱酵된 보이차를 만들기 시작하게 된다. 1950년대 영기차장 노주훈은 변방 지역의 모차를 홍콩에서 물을 뿌려 발효시켰으며 호급 송빙호, 동경호 등의 내비를 만들어 넣어 판매하기 시작한다.24) 1958년 광동차엽공사에서 최초로 실험적으로 조수발효潮水醱酵25) 시킨 모차로 긴압한 광운공병을 홍콩으로 판매했다. 이것으로 미루어보아 당시 홍콩에서는 발효시킨 보이차를 선호했다고 볼 수 있다.

1956년 개인 상호 차창茶廠들이 모두 국영차창으로 귀속되면서 호급 보이차의 차장들은 사라지게 된다. 1958~1960년 초 대약진 운동, 1967~1976년 문화대혁명 시기 중국에서의 보이차 공급이 원활하지 못하자 홍콩은 새로운 루트를 개척하게 된다. 중국에서 수입하던 보이차에 비해 가격이 저렴한 변방 지역의 모차를 가져와 소비자의 기호에 맞게 발효시킨 후 호급 보이차 내비를 넣어 만든 차들을 유통시켰다.

홍콩에서 만들어진 1960년대 영무창 _
1950년대~1990년대까지 여러 종류의
호급 보이차와 비슷하게 내비를 넣어 만든
보이차들은 대부분 홍콩에서 생산되었다.

변방 찻잎으로 홍콩에서 만든 보이차의 특징은 병면이 검고 찻잎의 형태가 뚜렷하지 못하다. 발효시킨 모차로 긴압했기 때문이다. 향과 맛에서도 운남의 보이차와는 결이 다르다. 진하게 차를 우려보면 변방차의 특유의 향인 고무향, 먼지냄새, 숙차향이 나며 맛이 맑지 못하고 무겁고 짠맛이 있으며 회감은 단침이 약하다. 내비 종이 질감에서도 진품 호급 보이차의 내비는 얇으나 홍콩에서 만든 호급 보이차는 내비가 두껍다. 종이의 산화 상태와 변색 정도에서 쉽게 진품과 모방품을 구별할 수 있다. 시중에는 1950년대부터 1990년대까지 다양한 이름을 가진 호급 보이차가 등장하나 골동보이차 시장에서는 오래된 보이차라고 무조건 가치가 있거나 가격이 높은 것이 아니다. 위에서 언급했듯이 맛과 소장가치의 차이로 시장 가격이 이루어지는 것이다. 골동보이차 경매 시장을 분석해보면 생모차로 긴압한 보이차, 국영차창에서 만들어진 정품 보이차 등이 연대를 불문하고 높은 가격으로 원활한 거래가 이루어진다. 중국에서 수입하던 보이차에 비해 가격이 저렴한 변방 지역의 모차를 가져와 홍콩 소비자의 기호에 맞게 발효시킨 후, 호급 보이차 내비를 넣어 만든 차들을 유통시킨 것이다. 호급 보이차 내비를 넣어 만든 다양한 이름의 차들이 이 시기에 집중적으로 만들어진 것이다.

홍콩에서 만들어진 1960년대 천신호

대만 보이차 변천사

대만에서 보이차가 언제부터 유통되었는지는 정확히 확인할 수는 없다. 초기에 보이차를 접한 대만인 몇 사람의 구술을 종합하면 보이차 소비는 1981년 이후 조금씩 늘어났다는 것이 공통된 견해이다.[26] 이런 점으로 볼 때 대만에서 보이차가 본격적으로 소비되기 시작한 시기는 1980년 이후로 보면 될 것이다. 당시 대만에서는 보이차보다 먼저 중국 의흥에서 만들어진 자사호가 유행되고 있었다. 홍콩에서 수입해온 자사호를 더 많이 팔기 위해 보이차를 함께 판매하기 시작했으며 이 시기부터 대만에서는 보이차를 즐기는 인구가 조금씩 늘어나게 되었다. 일부 한국의 보이차 소장자들은 1970년대 대만 유학 시절, 혹은 사업차 방문해 그때부터 보이차를 소장했다는 이야기를 한다. 이런 이야기들은 대만에 보이차가 소비되던 시기와 맞지 않기 때문에 신뢰하기 어렵다. 대만에서 보이차가 본격적으로 수입되고 전문점들이 생겨나기 시작한 시기는 1990년대 초반이다. 이같은 근거로 볼때 1980년대부터 대량 저장하였다는 대만 상인들의 말도 신뢰성이 부족하다는 것을 알아야 한다.

대만 상인들이 운남에서 보이차를 직접 주문 생산하기 시작한 시기는 1996년 죽군竹君 여례진呂禮臻 등이 진순아호眞淳雅號 브랜드로 야생차(현재 용어로는 고수차)를 제작하면서 부터다. 그 뒤에서야 운남 현지로 가서 보이차를 주문 제작하는 판매상들이 늘어나기 시작했다. 그렇다면 1996년 이전에 생산된 보이차는 대부분 홍콩에 저장되어 있던 차들을 대만으로 수입한것으로 봐야한다. 생산된지 30년 가까이 지난 진순아호의 풋풋한 차맛을 보면 대만의 저장환경은 보이차의 발효에 큰 영향을 주지 못했다는 것이다. 대만은 특유의 비즈니스 정신으로 중국이나 홍콩보다 앞서서 골동보이차나 노老 보이차의 상업성에 일찍 눈을 떴다.

보이차 시장이 급격하게 확장되면서 관련 연구자들이 보이차 자료에 목
말라 있을 때인 1995년 등시해鄧時海의『보이차普洱茶』단행본이 출간
되었다. 그 이후 보이차 전문 출판사인 오행도서를 통해 수많은 단행본
이 출간되면서 보이차에 대한 다양한 자료를 제공하게 된다. 대만에서
보이차 관련 상황들을 시대별로 요약해 보았다.

1980년 이전	대만에서 생산되는 오룡차를 주로 소비.
1980년 전후	중국 의흥에서 만들어진 자사호가 유행.
1980년 초반	자사호 판매점을 통해 보이차 마시는 사람들이 생겨나기 시작.
1980년 중반	대중(타이중)에서 보이차 정식으로 수입.
1980년 후반	보이차 전문 판매점 생겨나기 시작.
1990년 전후	중국과의 양안관계 악화로 정식 수입 불가. '중국'이라 인쇄된 포장지는 벗겨내고 내비를 파낸 후 유통함
1990년 초반	본격적으로 보이차 시장이 형성되면서 보이차 전문 판매점들이 생겨나기 시작.
1992년	중국 대만과의 양안 관계가 회복되면서 중국을 자유롭게 드나들 수 있게 되면서 다시 보이차 시장 활성화.
1995년	등시해「보이차」단행본 출간.
1996년	죽군에서 야생차(고수차)진순아호 주문 생산.
1990년 후반 2000년 초	중소차창이나 맹해 차창을 통해 개별 차 상인들이 주문 생산시작 본격적인 보이차 시장 개막.

한 국
보 이 차
변 천 사

한국에서 보이차 소비는 1980년대 중반 사찰에서 스님들을 중심으로 조금씩 소비되기 시작한다. 초기 보이차를 즐겨 마셨던 스님들의 구술로 보이차를 마시기 시작한 동기를 분석해 보았다.

첫째, 독특한 맛과 향 뿐만 아니라 차를 편하게 우릴 수 있다.
둘째, 녹차에 비해 가격이 저렴할 뿐만 아니라 약리적 효능도 있다.
셋째, 여러 번 우릴 수 있고 오랫동안 마시며 다담을 나누기 용이하다.

위의 내용 외에도 다양한 이유가 있겠지만 사찰을 중심으로 보이차가 소비되기 시작하면서 약리적 효능과 고아古雅한 취미 생활로 인식되면서 1990년대 중반 이후에는 시장이 점차 확대된다. 1980년 후반까지만 해도 보이차 판매점들이 2~3개 업체에 불과하였으나 1990년 중후반에는 10여 개 이상의 업체들로 늘어나게 된다. 외형적으로 소비와 유통 시장이 확대되지만, 한편으로 자료 부족과 품질 편차가 큰 골동보이차의 특징 탓에 전체 보이차 불신으로 이어져 중국 운남 현지로 가서 직접 생산하거나 이미 생산된 보이차를 수입하게 된다. 보이차를 운남 현지에서 직접 주문 생산한 시기는 대만은 1996년이지만 한국은 이보다 2년 늦은 1998년에 최초로 야생차(고수차)를 주문해서 만들게 된다.[27] 오래된 보이차를 한국에서 대량으로 소장하고 있다는 차들은 이 시기에 수입된 보이차들이다. 2000년 초반만 해도 몇몇 업체만이 야생차(고수차)를 주문 생산하여 유통하였지만 2000년 중반 이후에는 건창차의 트랜드로 야생차(고수차)를 직접 제작하는 업체가 더욱 늘어나게 된다. 2010년 이후 고수차의 열풍과 더불어 운남 현지에서 만드는 신차 보이차가 전체 보이차 소비시장의 70~80% 이상의 비중으로 확대되게 된다. 한국 보이차 시장은 골동보이차에서 2000년 중반 이후 신차 제작과 소비로 트랜드가 변하게 되지만 한편으로 노老 보이차 시장도 꾸준하게 유지되고 있다.

2008년 이후 중국 경제의 확대에 따라 골동보이차의 수요가 늘어나면서 한국에 소장 되어져 있던 오래된 보이차들이 중국, 홍콩, 대만으로 팔려 나가게 된다. 대만이나, 홍콩으로 팔려 나갔지만 최종적인 수요자는 중국이다. 중국에서는 골동보이차들을 회귀回歸하여 다시 중국으로 돌아 왔다고 하여 회귀回歸 보이차라고 한다. 많은 수량의 골동보이차의 가격 폭등으로 인해 중국으로 팔려 나가지만 일부에서는 새롭게 노老 보이차를 즐기는 수요가 꾸준하게 늘어나게 된다. 현재 한국 보이차 시장은 신차를 즐기는 수요와 오랜 세월이 지나 발효가 이루어진 노老 보이차를 즐기는 수요로 양분되어져 있다.
한국에서 보이차 관련 상황들을 시대별로 요약해 보았다.

1980년 중반	사찰 스님을 중심으로 보이차 소비 시작.
1886년	부산 광복동 연암찻집이 개업하면서 보이차 및 기타 중국차 판매.
1988년	보이차 전문 판매점 부산 녹백다장 개업.
1990년 전후	서울 남대문 화교 상인을 통해 보이차 소량 유통되기 시작.
1990년 초반 이후	사찰이나 인터넷 동우회 회원을 통해 보이차 시장 형성.
1992년	서울에서 끽다거 개업.
1994년	벽송방 등의 보이차 전문점들 개업.
1997년	강육발(쨩유화) 보이차 단행본 출간.
1998년	부산에서 운남 현지 보이차 주문 생산.

노 보이차의
매력

2020년 코로나 펜데믹 이후 젊은 층들을 중심으로 차를 마시는 소비층이 증가하고 있다. 요가, 명상 등과 더불어 힐링의 수단으로 차 생활을 추구하는 인구가 급격히 증가하게 된 것이다. 차 생활을 처음 시작하는 사람들은 향이 좋은 차를 먼저 찾게 된다. 그 후 차 생활의 연륜이 깊어질수록 차의 맛과 향을 알게 되고 점점 몸이 편안한 차를 찾게 된다. 보이차 중에서도 처음에는 쓴맛과 떫은 맛이 약하고 마시기 편하면서 몸이 따뜻해지는 숙차를 마시고 그 후 향이 좋고 맛이 자극적이지 않는 고수차古樹茶28)를 즐겨 마신다. 그러다 시간이 지나면서 점차 잘 발효된 노老 보이차를 동경하면서 마시게 된다. 노老 보이차는 다른 차에 비해 접하기가 힘든 편이다. 발효된 시간, 적정 연도와 가격의 편차가 광범위하며, 맑은 차와 농한 차 등 품질 편차가 크고 판매상 마다 '몸에 좋다' '나쁘다' '어느 차가 좋다' '나쁘다' 저마다 설명이 다르기 때문이다. 또한 국영차창 시절인 맹해차창(1970~2004)에서 만든 정창차는 높은 가격과 진위 감별이 힘들어 더더욱 장벽이 높다. 그렇다면 노老 보이차가 가진 매력은 무엇일까?

첫째, 신차에서 찾을 수 없는 세월이 주는 깊고 농후한 맛이다.
둘째, 신차는 언제든 구할 수 있지만 노老 보이차는 인연이 닿아야 구할 수 있으므로 가치가 다르다.
셋째, 추구하는 맛과 향이 다르다. 신차는 풋풋하고 청아한 향기와 맑은 맛이지만 노老 보이차는 깊고 농후한 맛과 한약과 같은 그윽한 향, 잘 발효된 쓰고 떫은 맛을 추구한다.
넷째, 누구나 마셔도 몸이 편안하다. 잘 발효된 보이차는 몸이 약한 사람이 마셔도 속쓰림이 없고 몸이 따뜻해지며 저녁에 마셔도 수면에 장애가 없다.

1920년대 복원창 품감회 찻자리

어떤 식품이든 잘 발효된 것에서 오는 맛과 향, 몸의 반응, 체질의 개선은
하루 이틀 접해서 되지 않는다. 식이요법처럼 몸의 적응 후에야 생기는 몸
의 변화는 오랜 시간 접하다 보면 서서히 그 심오한 매력에 빠지게 된다.
노老 보이차가 되기까지 단시간에 이루어지지 않듯이 그 맛의 매력도 단
시간에 알아낼 수 없다는 것을 알아야 한다.

보이차를 마시다보면 자연스럽게 노老 보이차 쪽으로 발전하게 된다. 처음에는 가성비 좋은 중소차창에서 만들어진 차를 접하게 되지만 시간이 흐를수록 차의 연륜이 깊어질수록 자연스럽게 맹해차창에서 만들어진 차를 추구하는 쪽으로 발전하게 된다. 보이차를 생산하던 차창들이 국영화되기 시작한 1950년~1970년까지의 인급 보이차, 1970년~2004년까지의 숫자급 보이차가 주로 생산된 맹해차창에서 생산된 정창正廠29) 보이차는 이른바 생산시기가 명확한 족보가 있다. 그런 이유로 인해 골동보이차계의 주류이자 최고 명품이며 보이차 마니아들은 누구나 마시고 싶어 하는 선망의 보이차가 된 것이다.

맹해차창 보이차는 1950~2004년 10월 대익으로 민영화되기 전까지 생산된 보이차를 말한다. 보이차 생산 차창에서 대표적인 국영차창30)은 맹해차창 외에도 하관차창, 곤명차창, 보이차창이 있다. 이중에서 보이차창은 생산된 보이차가 없다. 하관차창은 1970년대 간체자 중차패 철병, 1980년대 번체자 중차패 철병, 타차, 전차, 긴차 등을 생산하였으며, 곤명차창은 1960년대 평판 중차패철병, 1970년대 이후에는 전차 종류를 생산했다. 그러나 두 차창에서 생산한 차는 시장에서 맹해차창에서 생산한 차에 비해 가치가 낮은 편이며 거래도 원활하지 못하다. 그 이유는 향과 맛에서 맹해차창에서 만들어진 차에 비해 맛이 고급스럽지 못하여 대만, 중국, 홍콩마니아들에게 인지도가 낮기 때문이다. 하관차창에서 만들어진 차 대부분은 떫은 맛이 강하게 나타나며, 곤명차창에서 만들어진 차 대부분은 떫은 맛은 약하고 시원한 쓴맛이 약간 두드러지는 특징이 있기 때문이다.

마니아들은 왜 유독 맹해차창 보이차를 선호할까. 여러 가지 이유가 있겠지만 가장 큰 이유를 다섯 가지로 정리해 보았다.

첫째. 다른 차창의 차와는 품격品格이 다른 독특한 향과 맛이 있다.

둘째. 원료의 우수성이다. 맹해차창은 좋은 원료의 공급이 원활한 지역에 위치하여 하관차창이나 곤명차창보다 좋은 품질의 보이차를 생산하였다.

셋째. 1970년대 중반 이후로 제다 표준화를 통해 계속 생산된 제품의 품질의 연속성이 유지되었다. 균일한 제다기술로 지속적인 생산을 한 차를 이른바 상규성 보이차라고 한다.

넷째. 시장을 선도하고 있는 독보적인 브랜드 가치가 있다. 오랜 세월동안 균일한 품질로 생산되고 활발한 시장성을 유지할 때 그 가치가 만들어진다.

다섯째. 잔존 수량의 한계이다. 1950년~2004년까지 생산된 차는 한정판 명품과 같이 잔존 수량이 한정되어 있고 꾸준히 소비되다 보니 공급이 절대적으로 부족할 수밖에 없다. 이러한 이유는 가격 상승 요인을 잠재하고 있어 소장 가치가 높을 수밖에 없다.

숫자급 보이차 전시

맹해차창 보이차의 특징은 향과 맛의 조화로움이다. 쓴맛과 떫은 맛이 어느 하나 치우치지 않으며 서로 조화로우며, 목 넘김이 매끄럽고 마신 후 단침이 올라온다. 커피의 진미도 에스프레소에서 나듯이 보이차도 자사호에 차를 반을 넣고 진하게 우려낼때 쌉쌀한 맛과 함께 차의 오미를 맛볼 수 있을 뿐만 아니라 회감回甘[31]에서 풍부한 침샘을 느낄 수 있다. 고진감래苦盡甘來라고 하는 인생을 비유하는 단어도 차 맛에서 느낄 수 있을 것이다. 쓰고 떫은 뚜렷한 맛과 향을 지니면서도 몸이 편안한 조건들을 모두 지니고 있으니 많은 사람이 동경하는 보이차가 될 수밖에 없는 이유가 될 것이다.

보이차를 접하면서 자칭 전문가를 수없이 만난다. 본인의 입맛에 맞지 않으면 좋은 차와 나쁜 차로 단정을 내린다. 우물 안 개구리가 우물 안 세상이 전부인 것처럼 보이차에 대한 이해도 이와 다르지 않다. 내가 좋아하는 맛이 다른 사람들에게는 맞지 않을 수 있듯 사람마다 체질과 입맛이 다름을 인정해야 한다. 보이차를 접하는 경험과 연륜이 쌓일수록 차에 대한 판단을 열어두게 된다.

보이차에 대한 이해가 부족하면 맛으로 정답을 내리지만 많이 접하고 생각을 넓히면 그 차가 만들어진 제다의 특징, 저장 환경에 따른 품질의 차이를 이해하고 좀 더 폭 넓게 차를 즐길 수 있다. 보이차는 시대적인 상황과 트렌드에 따라 선호하는 맛이 달라져 제다법, 저장방법이 끊임없이 변화 발전되어 왔다. 보이차에 대한 폭 넓은 접근을 위해서는 시대의 흐름에 따른 제다의 변천사를 이해하는 것이 중요한 이유다.

노老

보이차

품차와

감별

品
茶
與
鑒
定

노촌 보이차를 접하다 보면 흔히
듣는 이야기가 국영차창, 중소차창,
개인 차창에서 생산된 차라는 것이다.
이런 이야기는 보이차의 생산 공장에
대한 이야기로 이해하면 된다. 와인에
비유하자면 산지의 개념, 생산 공장의
개념, 숙성 연도의 개념이 차에도 존재하며
상품의 가치를 결정하는 중요 요소이기
때문이다. 요즘 요행하는 고수차에서는
산지의 개념이 명확하지만 2000년 이전에
만들어진 보이차는 대부분 병배차이기
때문에 산지의 개념이 명확하지 않다.
산지의 개념이 명확하지 않아도 품질이
떨어지거나 맛이 떨어지는 것은 아니며
그 시대의 보편적인 제다 과정이었다는
것을 알아야 한다. 노촌 보이차의 생산
공장과 저장 기간은 명쾌하게 증명할 수
없지만 그렇다고 전혀 규명하지 못하는
것도 아니다. 생산 공장이나, 생산시기를
규명하기 위해서 먼저 보이차 생산
차창들의 이해가 필요할 것이다.

국영차창과
중소차창

중국차엽진출구공사
1944~2006

운남칠자병차 포장지의 종이 지질과 인쇄된 글자의 인주 색상, 글자의 특
징은 생산시기나 맹해차창 정창의 진위를 감별하는 주요 부분이다. 포장지
아랫부분에 인쇄되어있는 중국토산축산진출구공사운남성차엽분공사中國
土産畜産進出口公司雲南省茶葉分公司는 칠자병차에서 가장 많이 보이는
글자이다. 중국 국가에서 설립한 운남성차엽분공사는 몇 차례 회사 명칭
이 바뀌긴 하지만 주로 보이차의 수출을 담당하는 회사이다. 1972년부터
1994년까지 중국토산축산진출구공사운남성차엽분공사中國土産畜産茶葉
進出口公司雲南省茶葉分公司로 회사 명칭이 바뀌긴 했으나 국영차창에 주
문 생산하여 수출을 중심으로 영업하게 된다.

운남성차엽진출구공사는 국가에서 설립한 회사이지만 보이차를 직접 생
산하는 차창이 아니다. 홍콩에서 주문을 받아 국영차창에 발주를 하고 국
영차창에서 생산된 보이차의 수출을 담당한다. 우리나라도 과거에는 종합
물류를 수출입輸出入하는 상사가 따로 있던 시절이 있었다. 직접 생산하
지 않아도 다양한 종류의 물품을 수입하거나 수출하는 회사로 이해하면 된
다. 1972년 이후 숫자급 보이차 하단에 표시된 중국토산축산진출구공사운
남성차엽분공사는 운남성에서 생산되는 축산물, 토산물과 차를 동시에 수
출하는 종합상사였다. 홍콩 수입 업체도 보이차 한 종류만 수입한 것이 아
니라 운남성에서 생산하는 다양한 축산물, 토산물을 수입하는 회사이다.

초기 보이차는 홍콩에서도 다른 품목에 비해 소비량이 적어 수입을 꺼렸지만 운남성의 풍부한 축산물, 토산물을 수입하기 위해 어쩔 수 없이 차도 함께 수입할 수 밖에 없었던 시기가 있었다. 1985년에 이르러서는 성차사에서 주문 생산만 하던 관련법이 바뀌게 되면서 맹해차창, 하관차창, 곤명차창에서 직접 생산과 유통을 할수 있게 된다.

1994년 중국토산축산진출구공사운남성차업분공사中國土産畜産茶葉進出口公司雲南省茶業分公司(이하 성차사)로 회사 명칭을 변경되면서 차엽葉은 차업業으로 바뀐다. 중국토산축산진출구공사운남성차업분공사를 성차사 혹은 성공사로 줄여서 약칭하기도 한다. 성차사는 국영차창인 맹해차창에서 가장 많은 양의 보이차를 주문 생산했다.

1990년 이후 중소형급의 국영 차창들이 민영화 되는 큰 흐름에 따라 2006년에 이르러 운남성차엽분공사 역시 중국차엽고분유한공사로 민영화되게 된다. 노老 보이차를 이해하기 위해서는 국영 회사인 성차사의 연혁을 이해하는 것이 중요하므로 1944년 설립된 이후 회사의 명칭이 변경된 연혁을 아래와 같이 간략하게 정리하였다.

1944년 12월	운남성차엽분공사中國雲南省茶葉分公司貿易公司 설립.
1950년 8월	운남중국차엽무역공사雲南中國茶葉貿易公司로 변경.
1950년 9월	중국차업공사운남성공사中國茶業公司雲南省公司로 변경.
1950년 1월부터 ~1955년 12월까지	6년 동안 차엽茶葉의 두 글자를 차업茶業으로 변경 사용.
1951년 9월	중국차업총공사中國茶業總公司에서 포장지 중앙의 여덟 개의 중中자 가운데 차茶자의 로고와 중차패中茶牌를 상표 등록.
1964년 5월	중국차엽토산진출구공사운남분공사中國茶葉土産進出口公司 雲南分公司로 변경.
1966년 6월	중국차엽토산진출구공사운남차엽분공사中國茶葉土産進出口 公司雲南茶葉分公司로 변경.
1971년 5월	중국토산진출구공사中國土産進出口公司를 중국량유식품차엽 진출구공사운남분공사中國粮油食品茶葉進出口公司雲南分公 司로 변경.
1972년 6월	성차엽진출구공사省茶葉進出口公司와 성토산축산진출구공사 省土産畜産進出口公司를 합병. 중국토산축산진출구공사운남차 엽분공사中國土産畜産進出口公司 雲南省茶葉分公司 설립.
1994년	중국토산축산진출구공사운남차업분공사中國土産畜産進出口 公司雲南省茶業分公司로 변경.
1985년 2월	중국차엽진출구공사中國茶葉進出口公司로 변경.
1994년~ 2005년까지	중국차엽진출구공사 내부사정으로 곤명차창昆明茶廠에서는 보 이차를 만들지 않음.
2006년	중국차엽고분유한공사中國茶葉股份有限公司로 민영화.

1949년 중화인민공화국 건국 후 1952년 이후 인급 보이차를 생산하면서 팔중八中 중차패中茶牌로[32] 인쇄한 포장지를 사용한다. 포장지의 인쇄와 회사 명칭이 변경된 시기를 살펴보면 그 보이차 생산시기를 가늠할 수 있다. 인급 보이차 생산시기인 1972년 이전에는 중국차업공사운남성공사中國茶業公司雲南省公司와 아래 중차패中茶牌의 큰 글자 도안이다. 숫자급 보이차인 1973년 이후에는 운남칠자병차와 아래 작은 글씨로 중국토산축산진출구공사운남차엽분공사中國土産畜産進出口公司雲南省茶葉分公司로 되어있다. 1950년대 이전에 생산된 호급 보이차는 포장지가 없는 상태로 죽피에 싸져 있다.

맹 해 차 창
1940~2004

보이차를 마시면서 가장 많이 듣는 차창 이름이 바로 맹해차창이다. 1940년에 맹해차창의 전신인 불해차창佛海茶廠이 설립된다. 1949년 중화인민공화국 건국 이후 1953년 불해현이 맹해현으로 개명되면서 맹해차창으로 부르게 된다. 맹해차창은 1950년대 인급 보이차인 홍인, 람인, 무지홍인, 황인 종류 등을 생산했다. 1972년 이후에는 숫자급 보이차인 7432, 7452, 7572, 7582, 7542, 7532, 8582, 8592 등을 생산하게 된다. 2004년까지 보이차를 생산해온 맹해차창은 다른 차창과는 달리 모차의 공급이 매우 좋은 지역에 위치하고 있다.

일부 타차나 전차도 생산했지만 대부분 고급 병차 위주로 생산하였다. 이러한 이유로 차 맛이 우수하여 오늘날 명품 보이차의 대명사로 자리매김하게 된것이다.

노老 보이차는 포장지의 글자와 회사 명칭이 변경된 시기를 살펴보면 보이차 생산시기를 가늠할 수 있다. 인급 보이차 시기인 1950년~1970년까지는 중국차업공사운남성공사中國茶業公司雲南省公司란 글씨와 아래 중차패中茶牌의 큰 글자 도안이며, 숫자급 보이차 시기인 1972년 이후에는 운남칠자병차와 아래 작은 글씨로 중국토산축산진출구공사운남성차엽분공사中國土産畜産進出口公司雲南省茶葉分公司로 인쇄되어 있다.

1972년 중국토산축산진출구공사운남성차엽분공사로 운남성중차공사의 회사 명칭이 바뀌면서 보이차 생산에 변화가 일어난다. 먼저 수출 과정에서 효율성을 높이기 위해 국영차창마다 숫자를 새긴 고유번호를 부여했기 때문이다. 맹해차창은 1976년 고유번호로 2번을 받았다. 숫자급 보이차에서 제일 마지막 숫자 2는 맹해차창을 의미하게 된다. 생산 설비 역시 변화로 인해 병배기법이 도입된다. 대량 생산된 찻잎을 기계로 9등급까지 선별한 후 다시 섞어주는 병배拼配33) 방법으로 보이차를 만들게 된 것이다. 1974년에는 악퇴발효 제다법의 성공으로 단기간 발효시켜 음용할 수 있는 숙차 보이차가 개발된다. 선별기계를 통해 분류된 찻잎을 일정한 비율로 다시 섞어주는 병배를 통해 항상 일정한 맛이 나올 수 있도록 제다법을 체계화시키게 된다. 그래서 명명된 보이차 숫자인 이름이 7432, 7452, 7532, 7542, 7572, 7582, 7592, 8582 등이 있다.

맹해차창

7432, 7452, 7542, 7532 등 숫자급 보이차는 1974년~1975년 연구를 통해 만드는 방법이 정리 되었을 뿐 1974년부터 유통했다는 의미는 아니다. 숫자 네 자리 중 마지막 숫자인 2번을 1976년 부여받은 다음 차 이름을 정하고 유통했다고 이해해야 할 것이다. 1976년 마지막 숫자인 2번을 부여받고 유통은 하였지만, 보이차의 생산은 미리 했을 가능성도 있다. 자료 부족으로 정확한 생산시기는 아직 완전한 검증이 끝나지 않아 의견이 나누어지고 있다. 1972년 중국 국가 기업인 중국차엽공사운남성공사는 중국토산축산진출구공사운남성차엽분공사로 명칭이 바뀌고 불해차창은 맹해차창으로 개명된다. 불해차창 시절부터 맹해차창 시절인 1984년까지는 생산된 차를 직접 수출하지 못했다. 곤명에 있는 운남성차엽분공사로 납품되어 분배 과정을 거쳐 수출이 이루어졌다. 1985년 할당 방식에서 계약제로 변경되면서 자체 운영 및 판매 권한을 얻는다. 1989년 맹해차창에서 보이차를 직접 판매하기 위해 중차도안 대신 대익패大益牌34) 상표를 등록해 사용하게 된다. 1996년 대익패 도안이 들어간 보이차를 맹해차창에서 생산, 직접 유통하게 된다. 이때 만들어진 대익패 상표의 보이차는 포장지 하단의 글자가 서쌍판납맹해다업유한책임공사西雙版納勐海茶業有限責任公司로 표기되어 있다. 2004년 가을, 맹해차창은 민영화되면서 회사 명칭이 대익으로 바뀌게 된다. 국가 운영에서 민간에게 차창의 주인이 바뀌게 된 것이다. 맹해차창의 역사와 생산에서의 시대적 상황 변화를 이해한다면 노老 보이차를 이해하는 데 많은 도움이 될 것이다.

1940년	불해차창佛海茶廠 설립.
1950년	중국정부에서 불해차창 국영차창으로 국유화.
1952년	중국차업공사中國茶業公司 불해차창佛海茶廠으로 명칭 변경.
1953년	서쌍판납태족자치주西雙版納泰族自治州가 생겨나면서 중국차업공사 사쌍판납차창으로 개명되었으며 불해현佛海县이 맹해현勐海县으로 바뀌면서 맹해차창 명칭 변경.
1956년	사모전구 맹해차창으로 개명.
1961년	맹해현차창으로 개명.
1963년	운남성 맹해차창으로 개명.
1976년	맹해차창 생산을 의미하는 마지막 숫자 2번을 부여. (예 7542에서 2번)
1982년	맹해차창으로 개명.
1985년	성공사와 할당 방식에서 계약제로 변경되면서 자체 운영 및 판매 권한 획득.
1989년	대익패 상표 등록.
1996년	맹해차업유한책임공사勐海茶葉有限責任公司 회사 명칭 변경 후 대익패 상표로 생산.
2004년	10월 국가 운영 맹해차창에서 민영화되면서 대익으로 회사명이 바뀌면서 오늘에 이르기까지 다양한 브랜드로 보이차를 생산.

하 관 차 창
1941~2004

하관차창의 전신은 1941년 설립된 강장차창康藏茶廠으로부터 출발한다. 강장차창은 긴차를 주로 생산하게 되며 1942년 보염패寶焰牌 상표를 등록하면서 유통 시키게 된다. 어수선한 중국 내부 사정으로 인해 1949년 잠시 생산을 멈추게 된다.35) 1950년대 이후 차창의 운영이 국가 중심으로 바뀌게 되고 1955년 영창상永昌祥, 복춘화復春和, 무항茂恒 등 인근 개인차창들이 국유화 되면서 하관차창으로 통폐합된다. 하관차창은 전통적으로 타차沱茶,36) 긴차緊茶37)를 생산, 유통하면서 주로 티베트 지역이나 사천 등지로 판매하였다. 1972년 이후 중국토산진출구공사운남성차엽분공사(줄여서 성차사)는 하관차창의 병차 생산을 승인하면서 일부 병차 생산도 맡기게 된다. 하관차창에서 생산되는 차의 종류 중에서는 병차의 생산은 소량이며 대표적인 병차가 중차패철병中茶牌鐵餠으로 배꼽이 있는 포병철병이다. 하관차창에서 생산된 병차 즉 철병鐵餠38)은 맹해차창에서 만들어진 병차와는 달리 유압 기계를 이용하여 단단하게 긴압하여 발효가 느리게 진행되는 특징이 있다. 곤명철병은 병면 뒷면에 배꼽이 없이 긴압된 평판철병이라면 하관철병은 뒷면에 배꼽이 있는 포병철병인 것이 특징이다. 이러한 특징들에 따라 포장지 유무와 관계없이 곤명차창에서 만든 철병과 하관차창에서 만든 철병은 생산 차창의 구별이 가능하다. 1970년대 이후 하관차창에서 생산된 철병의 외부 포장지 도안은 운남칠자병차이면서 팔중도안을 사용하나 중앙 하단에 중차패라는 글자가 있다. 더 아래 하단에는 중국토산축산진출구공사운남성차엽분공사로 표기되어 있다.

하관차창에서 생산된 철병의 생산연대를 구별하는 방법중에 중국토산에서 산자產字가 간체 产자이면 1970년대, 번체 產자이면 1980년대 이후의 차로 판단하면 된다. 산자의 표기에 따라 간체자 철병, 번체자 철병으로 구분하여 부른다.

하관차창에서 주로 많이 생산된 보이차의 형태는 버섯 형태의 긴차와 사발을 엎어 놓은 듯한 형태의 타차이다. 1960년에는 250g 무게의 방차를, 1967년에는 벽돌 형태의 전차를 생산했다. 1968년 타차의 무게에도 변화가 일어난다. 125g으로 긴압하던 방식에서 100g으로 바뀌게 된다. 이후 방차도 무게를 달리하여 크기가 큰 방차와 작은 크기의 방차를 생산했다. 하관차창은 1976년 성차사(성공사)를 통해 차창 고유번호인 3을 부여받는다. 8653의 끝자리 3은 생산 차창인 하관차창에서 생산된 차를 의미한다. 하관차창에서 생산된 보이차의 특징을 살펴보면 1979년 운남성차업공사와 운남성차엽분공사와 정책에 따라 영향을 받게 된다. 변소边銷판매와 내소內銷판매 용도로 긴차, 타차, 전차, 병차 등을 생산하여 판매했다.

하관차창의 차는 첫째, 모차 원료의 품질이 맹해차창의 원료에 비해 우수하지 못하다. 하관차창에서 만들어진 차를 품감해 보면 공통적으로 떫은 맛이 지나치게 강하게 느껴진다. 보이차에서 떫은 맛은 결코 나쁜 것이 아니다. 그러나 지나치면 혀에 두껍게 깔리거나, 목을 쪼이게 되면서 단침으로 빨리 전환되지 못해 떫은 맛이 오랫동안 혓바닥에 남아있어 불쾌감을 줄 수 있다.

둘째, 단단한 긴압으로 인해 발효가 더디게 진행된다는 것이다. 1970년대 하관차창에서 만들어진 철병 중 비교적 습기에 덜 노출되어 시간이 흐른 차는 아직 발효가 충분히 이루어지지 않아 풋향과 풋맛이 그대로 남아 있다. 차 맛은 호불호에 따라 판단이 달라질 수는 있지만 대부분 마니아들은 아직도 발효가 충분히 이루어지지 않은 차에 대해 호감을 보이지 않는다. 셋째, 하관차창의 보이차는 티베트, 사천 등의 지역으로 판매하기 위해 비교적 저렴한 원료를 사용해 만들었다. 차는 좋은 원료로 만들어야 세월이 흘러 발효가 되었을 때도 좋은 보이차가 될 수 있다. 이러한 이유에 따라 현재 골동보이차 즉 노老 보이차 시장에서 하관차창에서 만든 보이차는 동일한 연도의 맹해차창에서 생산된 보이차에 비해 가격이 저렴하며 인지도가 낮은 편이다.

하관차창의 대표적인 차인 긴차는 1986년 티베트 정신적 지도자인 반선(班禪, 판첸) 라마가 하관차창 방문 후 다시 주문하게 되면서 오늘날까지 이어지게 된다. 생산과 유통을 자유롭게 할 수 있게 정책이 바뀌게 되자 하관차창도 1992년 소나무와 학으로 디자인한 송학패 상표를 등록하여 사용하게 된다. 하관차창 역시 역사의 큰 흐름에 따라 2004년 4월 민영화되면서 국영차창 시기는 역사의 뒤안길로 남게 된다.

1941년	강장차창康藏茶廠 설립.
1942년	보염패 상표 등록후 긴차를 생산 1949년 긴차 생산 중단.
1950년	중국다업공사운남성분공사中國茶業公司雲南省分工司 하관차창으로 회사 명칭 변경.
1959년	운남성하관차창雲南省下關茶廠으로 명칭 변경.
1960년	250g 보이방차 생산.
1962년	125g 보이타차 생산 이후 1968년에는 100g으로 변경.
1966년	긴차의 상표인 보염패를 문화혁명의 상징성이 있는 단결패團結牌로 변경.
1967년	벽돌모양 보이전차 생산.
1972년	중국다업공사운남성분공사中國茶葉公司雲南省分工司가 중국토산축산진출구공사운남성차엽분공사中國土産畜産進出口公司雲南省茶葉分公司로 합병 개명된 이후 칠자병차를 생산하기 시작. 도안은 큰 글자로 운남칠자병차, 중앙에는 팔중도안 하단에는 중국토산축산진출구공사 운남성차엽분공사가 인쇄돼 있고 하단 바로 위쪽에 큰 글자로 중차패中茶牌가 인쇄유압 기계를 이용 철병 생산. 포장지 디자인이나 긴압 방식으로 차창을 구분 가능.
1976년	성차사(성공사)를 통해 보이차 숫자 이름 3번 번호를 부여받음.
1980년	홍콩 천생행天生行 및 프랑스 차엽회사를 통해 수출 확대.
1986년	반선(班禪.판첸)라마를 통해 보염패 상표로 긴차 주문받아 생산.
1992년	송학패松鶴牌 상표를 정식으로 하관차창 대표 상표로 등록.
1994년	운남성하관차창, 운남차엽진출구공사등의 5개 회사가 운남하관타차(집)고분유한공사 **雲南省下關茶廠沱茶(集)股份有限公司** 설립.
1999년	운남하관차창타차집고분유한공사**雲南下關茶廠沱茶集股份有限公司**로 회사 명칭 변경.
2004년 4월	민영화 이후에도 보이차를 계속 생산.

곤 명 차 창
1939~2006

곤명차창은 곤명시昆明市 석교포石桥鋪에 위치하고 있다. 곤명은 찻잎이 생산되는 다원이 있는 지역이 아니어서 다른 곳에서 모차를 가지고 와서 가공했다. 1939년 복흥실험차창复兴实验茶厂으로 설립된 후 1950년 7월 곤명차창가공창으로 변경되었다. 1960년 정식으로 곤명차창으로 회사 명칭이 변경되게 되며[39] 중국 내수 판매를 주로 담당하게 된다. 곤명차창은 1976년 중국토산축산진출구공사공사운남성차엽분공사(이하 성차사)를 통해 공장 고유 번호인 1번을 부여받는다. 7581에서 마지막 번호 1은 곤명차창에서 생산된 차를 의미한다. 1번을 부여받았다고 해서 보이차의 대표적인 생산 공장이라는 의미는 아니다. 성차사가 운남성의 성도인 곤명에 있다 보니 위치적으로 가까운 곳인 곤명차창에 1번을 부여하였을 뿐이다. 곤명차창의 대표적인 보이차는 1960년대 생산된 철병으로 1970년대 이후까지 생산되게 된다. 곤명차창에서 만든 철병의 특징은 하관차창에서 만든 철병과는 달리 배꼽이 없는 평판철병이다. 배꼽의 유무에 따라 하관차창과 곤명차창에서 만든 차들을 구별할 수 있다. 곤명차창에서 만든 철병 중에서 포장지 도안에서 중국토산축산진출구공사운남성차엽분공사라고 표기돼 있지만, 실제 생산은 1960년 말에 한 보이차가 있다. 포장지만 놓고 검증하자면 1972년 이후의 차로 판단할 수 있지만 이 시기는 문화대혁명의 시기라 보이차를 생산했지만 포장은 하지 않은 채 그대로 방치되어 오다가 1972년 이후 인쇄한 포장지에 싸서 유통한 차가 있다. 실제 차의 생산 연도와 포장지의 생산 연도가 차이가 나서 생산 연도에서 오해의 소지가 있는 보이차이다. 이러한 보이차는 맹해차창에서 생산된 팔중 황인도 있다. 내부사정으로 혼란한 시기 수출이 원활하지 못한 탓이다. 곤명차창은 1970년을 전후한 시기에 병차인 철병을 소량 생산해오다 1974년에 이르러 악퇴발효 제다법이 완성되면서 전차를 주로 생산하게 된다. 옆단면의 두께가 두꺼운 73후전이 대표적이다. 소량이기는 하나 일부 타차를 생산하기도 하였다.

곤명차창은 1980년에 길행패吉幸牌를 상표 등록했으며 1995년 차창을 곤명의 중심지에서 시외로 옮기면서 잠시 생산을 중단하게 된다. 이후 2006년 운남성차엽분공사와 곤명차창이 합병하게 되면서 새롭게 생산을 재개하게 된다. 하지만 1995년~20006년 사이에도 일부 남아 있는 모차로 병차나 전차를 곤명차창 산하에 속해있는 의량차창宜良茶廠 등에서 일부 계속 생산하기도 하였다.

1939년	복흥실험차창复興实験茶廠 설립.
1950년	곤명차창가공창으로 명칭을 변경.
1960년	정식 곤명차창으로 회사명칭 변경.
1974년	보이차의 발효를 빨리 시키는 악퇴발효 성공으로 숙전차를 생산.
1976년	성차사(성공사)를 통해 숫자 1번을 부여받음.
1980년	길행패吉幸牌를 상표 등록.
1995년	시 외곽으로 옮기면서 잠시 생산을 중단.
2006년	운남성차엽분공사와 합병후 생산 재개.

대표적인
중소차창

1950년 중화인민공화국 건국 후 보이차 시장은 내소內銷판매(중국 내륙지역 판매), 변소邊銷판매(몽골, 티베트 등의 변방 지역 판매)와 교소侨銷판매(화교권역 수출 용도, 홍콩, 마카오, 말레이시아, 싱가포르 등)를 구분하여 각 차창마다 다르게 생산, 유통했다. 1970년 12월 성혁명위원회 문서118호의 요구 사항에 따라 원래 성차사(성공사)에 속했던 봉경鳳慶, 맹해勐海, 곤명昆明, 임창臨滄, 하관下關, 의량宜良 등 6개 차창과 대리 관리하던 창녕昌寧, 신평新平, 경곡景谷 차창을 모두 현에서 직접 관리하도록 정책을 변경했다. 그러나 각 차창들을 분리 운영하도록 했다.[40]

1985년 이후 성차사에서 독점 수출 판매하는 방식에서 차창에서 자체 생산 유통이 가능하게 된다. 이 시기에는 국가 소속이지만 규모가 작은 중소형 차창들은 주로 녹차, 홍차를 생산하였으며 일부 차창에서만 모차를 대형 국가차창에 납품하게 된다.

1985년 설립된 남간차창南澗茶廠은 토림패 봉황타차를 상표 등록하고 타차를 생산하게 된다. 1987년 설립된 임창차창臨滄茶廠은 은호타차를 상표 등록하고 타차를 생산하게 된다. 1983년 맹해차엽과학연구소로 설립된 복해차창福海茶廠, 1984년 설립된 여명차창黎明茶廠, 의량차창宜良茶廠 등은 초기에는 녹차, 홍차를 주로 생산했지만, 일부 생산된 모차를 대형차창에 납품하기도 한다.

1990년 이후 보이차 시장이 조금씩 커지면서 중소형 국가 운영 차창들이 일부는 성공사를 통해 보이차를 주문 생산하여 판매하거나 혹은 직접 생산 판매하게 된다. 이때 만들어진 모든 보이차는 포장지 도안이 맹해차창에서 만든 보이차와 같았다. 운남칠자병차, 팔중도안, 내비에 인쇄된 글자도 서쌍판납태족자치주맹해차창출품으로 동일하게 만들어 맹해차창에서 만든 보이차처럼 유사하게 만들어져 유통되었다.

1990년대 상표의 의미가 없었던 시기에는 이런 종류의 보이차들이 큰 문제점으로 드러나지 않았다. 하지만 오늘날에 이르러서 맹해차창에서 만든 정창 보이차들이 지속해서 가격이 상승이 되다 보니 당시 맹해차창에서 만든 보이차와 비슷하게 포장지와 도안, 내비를 사용해 만들었던 중소차창에서 만든 보이차들이 정창차로 둔갑하거나 진품차로 오해되기도, 판매되기도 한다. 정창차와 중소차창의 모방차를 명확히 구분하는 것이 현재 보이차 시장의 발전과 소비자의 신뢰를 이끄는 가장 중요한 요소일 것이다.

향후 노老 보이차 시장은 1990년대 생산된 보이차들이 주류가 될 것이다. 골동보이차는 잔존 수량의 부족과 높은 가격 때문에 경매에서만 볼 수 있는 골동의 가치로 남게 되었다. 30년 전후의 세월이 지나면서 어느 정도 발효가 이루어져 풍미가 형성된 1990년대 맹해차창에서 만든 정창 보이차들이 노老 보이차 시장의 주류가 될 수밖에 없는 이유다.

현재 노老 보이차 시장에서는 생산시기를 가늠할 수 있는 전문가를 만나기가 어렵다. 대부분 2000년 이후 신차 보이차가 유행 시기에 보이차 업계에 들어와 노老 보이차를 실제 만져보고 마셔본 경험들이 부족하기 때문이다. 보이차의 생산시기를 가늠하기 위해서는 호급 보이차, 인급 보이차, 숫자급 보이차가 집중적으로 유통되던 시기에 직접 만져보고 마셔본 경험이 있어야 한다.

현재 노老 보이차 시장에서 1990년대 이후 중소형 차창에서 만들어진 보이차들이 1980년대 생산된 차로 둔갑되어 고가에 유통되고 있다. 포장지 글자와 도안이 같고 내비에 맹해차창출품 이라고 인쇄 되어 있어도 모두 맹해차창에서 만든 진품은 아니라는 사실도 알아야 한다. 일부 변방 찻잎으로 홍콩에서 만든 차 외에 중소차창에서 만들어진 보이차라면 1990년 이후 생산된 것으로 판단하면 된다.

맹해 지역 차창들

국영대도람차장国营大度嵐茶场 1981년 설립.
현 운남대도람차엽실업총공사现 云南大渡岗茶叶实业总公司.

랑하차창郎河茶厂 1995년 설립.

여명차창黎明茶厂 1984년 설립.
현 여명농공상연합차창现 黎明农工商联合公司茶厂.

보문차창普文茶厂 1954년 설립.

맹해운해차창勐海云海茶厂 1999년 설립.
복해차창福海茶厂 1983년 맹해차엽과학연구소 맹해현 배치 인원으로
차창을 만들고 생산하기 시작하여 1998년에 정식으로
복해차창으로 회사 명칭을 변경.

창태차창昌泰茶厂 1999년 경흥지역의 보이차 판매점에서
창태차창을 설립 후, 2005년 창태차업유한공사로 변경.

보이시 지역 차창들

해만차업海湾茶业 1999년 설립.

용생차업龙生茶业 1996년 설립.

현 운남용생녹색산업유한공사现 云南龙生绿色产业有限公司

란창현차창澜沧县茶厂 1978년 설립.

현 란창고차유한공사现 澜仓古茶有限公司

혜민차창惠民茶厂 1980년 설립.

보이시명주차창普洱市明珠茶厂 1996년 설립.

임창쌍웅차창临沧双雄茶厂 1995년 설립.

보산시 지역 차창들

맹흠차창勐鑫茶厂 1996년 설립.

대리지역 차창들

대리남간차창大理南涧茶厂 1985년 설립.

현 대리남간현차엽공사(现 大理南涧县茶叶公司)

2000년 이후 보이차 시장이 확대되면서 2010년 이후 보이차를 생산하는 차창들이 기하급수적으로 늘어나게 된다. 2023년 현재 보이차를 생산하는 차창은 허가가 있는 차창만 약 2000여개 업체에 이른다.

노老
보이차
품차와
감별

品
茶
與
鑒
定

아주 오래된 호급 보이차나,
인급 보이차는 높은 가격과 희소성
때문에 아주 특별한 인연을 만나지
않고서는 쉽게 접하기 어렵다.
그러나 1970~2000년 사이에
생산된 노老 보이차들은 상대적으로
접하기가 쉽다. 왜 보이차 이름을
숫자로 명명하였으며 어떤 종류들이
있는지 이해하는 것이 중요하다.

숫자급 보이차란 1972년 중국토산축산진출구공사운남성차엽분공사로 회사 명칭이 바뀌고 운남성에서 차 수출권을 가진 이후부터 생산된 보이차를 말한다. 이때부터 보이차 이름에 번호番號를 부여하기 시작했으며 중국에서는 맥호차嘜號茶라고 부르며 포장지에 운남칠자병차라고 인쇄되어 있다. 대표적인 생차 계열의 보이차로는 7542, 7532, 8582가 있으며 숙차 계열로는 7572, 7432, 7452, 8592 등이 있다. 숫자로 차 이름이 명명된 보이차들을 통칭해서 숫자급 보이차라고 한다.

중소차창에서 만든 운남칠자병차
맹해차창에서 만든 운남칠자병차

1972년 이후 생산된 보이차 중 가장 흔하게 볼 수 있고 생산량이 많은 차는 맹해차창에서 생산된 보이차들이다. 1972년 이후 1990년 이전 생산된 보이차의 대부분은 맹해차창에서 생산되었다. 그 시기 생산한 보이차의 모든 포장지 디자인은 동일하게 상단에 큰 글자로 운남칠자병차雲南七子餠茶 하단에는 작은 글자로 중국토산축산진출구공사운남성차엽분공사 로 인쇄되어 있다. 중앙에는 여덟 개의 중자와 가운데 차茶자를 넣은 이 도안을 팔중도안이라 부르며 중국토산축산진출구공사운남성차엽분공사(성차사)에 소유권이 있다.

중국의 보이차 시장이 커지면서 국영차창에 납품하던 중소차창과 개인들이 보이차 공장을 만들고 생산하게 된다. 이 시기부터 표준 상품으로 인정받고 있는 맹해차창 생산 보이차를 많이 모방하게 된다. 이른바 모방차들은 비슷한 질감의 포장지와 내비를 사용했을 뿐만 아니라 내비에 인쇄된 문구도 동일하다. 내비內飛에 서쌍판납태족자치주西双版納傣族自治州 맹해차창출품勐海茶廠出品으로 맹해차창 진품과 동일한 문구로 인쇄해 오늘날 혼란을 가중 시키게 되었다.

맹해차창에서 생산된 보이차 종류에 따라 사용된 포장지 종이 질감, 글자인쇄 색상, 글자의 특징, 병배 방식, 내비의 종이질감 등을 알아야 맹해차창 정창차의 진위를 감별할 수 있다. 맹해차창에서 생산된 차는 포장지나 병면에서 중소차창에서 생산된 보이차와는 달리 고유의 특징이 있다. 여기에서 가장 중요한 감별 기준은 인쇄방식이다. 1990년 이후 생산된 보이차 연도를 감별하는 핵심이기 때문이다.

일반적 상품의 유통 구조는 공장에서 먼저 생산 후 판매가 이루어진다. 하지만 1985년 이전까지 보이차 생산과 판매 유통 구조는 약간 다른 방식이다. 1950~1972년까지는 광동차엽수출입공사 ⇨ 중국차업공사운남성분공사 ⇨ 국가 운영 대형차창에 발주하면 생산이 이루어지는 체계였다. 1972년 이후 광동차엽수출입공사를 거치지 않고 홍콩에서 운남성차엽분공사로 직접 주문하는 체계로 변경되게 된다. 이 시기부터는 홍콩의 수입권을 가진 회사가 중국토산축산진출구공사운남성차엽분공사에 주문을 하면 국가가 운영하는 대형차창에 발주 생산하는 체계로 운영된다. 1980년대 초반 이후 보이차 수출 정책이 또다시 바뀌면서 홍콩의 차茶독점 수입권을 가진 회사 외 다른 수입회사도 수입할 수 있게 된다. 홍콩의 남천공사南天公司는 1985년부터 맹해차창에 직접 주문 생산하게 된다. 1980년대 생산된 보이차 종류 중에서 가장 유명하고 널리 알려진 8582가 남천공사에서 맹해차창에 주문 생산하고 유통한 대표적인 보이차이다.

홍콩 남천공사에서 맹해차창에 주문해서
만든 80년대 중반 8582

1972년에 이르러서 중국차엽공사운남성분공사에서 중국토산축산진출구 공사운남성차엽분공사로 회사 명칭이 바뀌기도 하지만 생산 체계에도 큰 변화가 생긴다. 전통적으로 손으로 생산하던 수작업에서 채엽, 살청, 유념, 선별 등의 작업 과정이 기계화로 대체된다. 채엽, 살청, 유념, 건조의 과정 을 거쳐 완성된 모차는 크기와 무게별로 선별기를 통해 1~9등급으로 분 류 된다. 한 산지의 찻잎만으로 만들어진 차는 맛과 향이 단조롭다. 이 단 점을 보안하기위해 같은 등급의 여러산지 찻잎을 비율에 따라 섞어 만든 제다법이 맹해차창의 병배 제다법이다. 보이차의 생산 차창과 소비 지역 에 대한 이해를 하였다면 이제는 보이차의 종류 중에서도 특히 맹해차창 에서 생산된 보이차의 종류에 대해 이해가 필요할 것이다. 국가가 통제하 던 시기인 1970~1980년대에는 생산된 보이차의 종류는 사실 많지 않다. 이후 개혁 개방 정책과 시장이 확대되는 1990년 이후 개인차창이 늘어나 면서 보이차의 종류가 다양해 졌으나 노老 보이차의 주류는 맹해차창에서 생산된 보이차들이다.

1970년대

팔중 녹자황인 _ 생차

1960년대 말에 생산된 차를 1972년 이후 생산된 포장지에 포장해 유통시킨 차다. 긴압까지 완성한 차를 주문이 들어올때 포장 후 수출했던 제작과 수출이 원활하지 못하던 시기에 발생했던 것이다. 1972년 이후에 생산된 모든 차의 내비(內飛)[41]에는 서쌍판납태족자치주 맹해차창출품이라는 글자가 인쇄되어 있다. 이 차의 내비는 하단의 글자가 없이 팔중도안만 있으며 중앙 차茶가 녹색이다. 녹색 차茶자임에도 황인으로 불리는 이유는 황인은 도장 색상에서 비롯된 이름이 아니라 제다방법 즉 병배拼配 방법에서 명명된 이름이기 때문이다. 무게는 320g 전후이며 병면이 작다. 포장지는 얇은 사격지絲格紙이면서 세로로 줄이 길게 있다. 포장지 하단의 중국토산축산진출구공사에서 중中자의 구口가 큰 대구중이다. 내비의 맹해차창출품에서 출出자는 위의 산山이 작은 첨출이며 내표內票[42]가 없는 것이 특징이다.

사격지 팔중녹자황인

소황인.

사과황인 _ 생차

사문지 소황인

1970년 초중반에 생산된 차다. 포장지 중앙의 茶자 글자 색상이 황색이면서 병면이 작고 무게가 가벼워 소황인이라고 한다. 소황인의 무게는 300~320g 전후다. 조기 소황인은 진한 황색이며 이후에 생산된 차는 색상이 점점 짙어지거나 녹황색이 난다. 녹황색이 나는 차를 '사과황인'이라고 부른다. 포장지는 얇은 사문지絲紋紙, 사격지絲格紙를 사용했고 세로로 줄이 길게 있으면서 운룡雲龍43)이 섞여 있는 종이도 있다. 1970년대 후반에서 1980년 초반 사이에 생산된 사과황인은 후면지厚棉紙에 포장되어 있다. 사과황인 중에서도 얇은 사문지나, 사격지에 포장된 차는 후면지에 비해 생산시기가 빠르다. 포장지 하단 글자에서 중국토산축산진출구공사의 중中자에서 구口자가 큰 대구중이다. 내비의 글자는 맹해차창출품에서 출出자가 첨출이며 내표가 없는 것이 특징이다.

대구중 소녹인(73청병) _ 생차

1970년 후반에서 1980년 초반 사이에 생산된 차다. 대구중 소녹인은 포장지 하단 글자에서 중국토산축산진출구공사의 중中자에서 구口자가 큰 대구중이며 병면이 작고 무게가 가벼워 붙여진 이름이다. 무게는 320g 전후이다. 유통과정에서 73청병이라고도 부른다. 일부에서는 대구중 소녹인을 1985년에 생산된 차로 주장하기도 한다. 주장의 근거로 한건(12통) 바구니속 대표에서 숫자급 503으로 표기되어 있기 때문이다. 하지만 아직까지 제대로 된 검증을 통해 생산시기에 대한 규명이 완료되지 않았다. 자료가 충분하지 않아 명확한 생산시기의 검증이 되지 않을 때에는 실제 현품을 통해 포장지 지질이나, 인쇄 기법, 발효 정도 등을 비교해야 한다. 다른 방법으로 생산시기의 검증이 끝나 논란의 여지가 없어서 기준이 될 수 있는 동일한 시기의 차와 비교해 접근해 보는 것도 좋은 방법 중 하나다. 대구중 소녹인의 특징은 7542 계열의 차이기는 하나 1980년대 이후에 생산된 차와 병면 찻잎의 크기를 대조해 보면 7532에 가까울 정도로 어린 찻잎으로 만들어졌다는 것을 알 수 있다. 대구중 소녹인은 다양한 종류가 있다. 종이 두께에 따라 박격문지薄格紋紙와 후격문지厚格紋紙가 있다. 격문지는 세로로 줄이 길게 있는 것도 있고 없는 것도 있다. 내비內飛 종이 두께도 달라 박지 내비와 후지 내비가 있다. 병면에 빨간색 끈이 있는 차를 홍띠 대구중 소녹인, 중앙의 茶자 글자가 없는 차를 무자 대구중 소녹인으로 부른다. 대구중 소녹인의 대표적인 특징중 한 가지는 포장지 중앙 차茶자를 수공으로 도장을 찍어 차茶자 옆으로 사각형의 뚜렷한 테두리가 있다는 점이다.

포장지는 세로로 줄이 길게 있는 얇은 박격문지薄格文紙로 되어 있다. 내비內飛는 두께가 얇은 박지 내비의 생산 시기가 빠르다. 실제 현품을 통해 동일한 격문지라도 포장지를 벗겨서 내비의 두께를 살펴보면 동일하지 않은 차가 있다. 이러한 사실을 볼 때 대구중 소녹인은 특정 한 해 동안 생산된 차가 아니란 것을 알수있다. 내비는 출出자가 첨출이다.

격문지 대구중 소녹인

대구중 대남인_ 숙차

후백격문지 대구중 대남인

1970년 후반에 생산된 숙차다. 사격지 혹은 하얀색이 나는 백격문白格紋 紙로 포장되었으며 사격지로 포장된 차의 생산연대가 빠르다. 포장지는 상단 운남칠자병차로 인쇄되어 있으며, 하단 중국토산축산진출구공사의 중中자의 구口가 커 대구중이라 하며 중앙 팔중도안의 차茶자가 남색이고 무게가 370g전후이며 병면이 다른 차에 비해 커 대남인이라 부른다. 내비 는 맹해차창출품 중 출出자가 첨출이다.

1970년대 만들어진 숙차는 악퇴발효를 약하게 한 것이 특징이며 저장 환경 에서 자연스럽게 후발효가 이루어져 독특한 향과 풍미가 있다. 생차의 성질 이 남아 있어 진하게 우리면 다크 쵸콜릿 향이 나며 마시고 난 후 약한 단 침이 느껴지며 몸 반응도 전혀부담스럽지 않게 편안하다. 아쉬운 점은 맛 이 얇고 밋밋하며 내포성이 짧다.

7432 _ 숙차

1970년대 후반부터 생산된 고급 품질의 모차를 사용한 경 발효 숙차다. 병면에는 황금색의 어린 찻잎이 고르게 병배되어 있다. 포장지는 약간 누런색이 나는 두꺼운 후황격문지이며 하단 중국토산축산진출구공사의 중中자의 구口가 작은 소구중이다. 내비는 첨출이며 무게는 340g전후이다. 1980년대 이후에는 동일한 병배 방법으로 악퇴발효의 숙차가 아닌 생차 계열의 7532로 이름이 바뀌면서 지금까지 생산된다. 7432는 당시에도 생산량이 적었으며 1970~1980년대 홍콩에서 숙차의 선호도가 높아 대부분 소비되어 현재 시중에서 만나기 힘들다.

후황격문지 소구중 7432

7452 _ 숙차

1970년대 후반부터 생산된 숙차다. 병면은 7542와 비슷한 어린 아엽
으로 고르게 병배되어 있으며 경 발효시켜 만든 숙차다. 포장지는 약간
누런색이 나는 두꺼운 후황격문지며 하단 중국토산축산진출구공사의
중中자의 구口가 작은 소구중이다. 1980년 초반 이전에 생산된 차는 소
내표가 많으며 1980년 초반 이후에 생산된 차는 주로 대내표이다. 내비
는 맹해차창출품 중 출出자가 첨출이며 무게는 340g전후이다. 1970년
대 후반에 생산된 7432와 7452 두 종류의 숙차는 당시 홍콩에서 대부
분 소비되어 현재 시중에서 만나기 쉽지 않다.

소내표 후황격문지 7452

소구중 7572 _ 숙차

1970년 후반부터 생산
된 숙차다. 사
격지 혹은 밝
은 하얀색이
나는 후백
격문白格紋
紙로 포장되
었으며 사격
지로 포장된
차의 생산연대
가 빠르다. 비교적
큰 찻잎으로 병배되
어 있으며 경발효시켜 만
든 숙차로서 생차의 성질이 남아있다. 포장지의 하단
글자 중국토산축산진출구공사의 중中자의 구口가 작은 소구중이며 내비
는 첨출이다. 무게는 370g전후이며 병면이 크다. 악퇴의 정도가 다르지만
지금까지 생산되는 맹해차창의 대표적인 숙차다.

대구중 대남인 _ 조수발효

1970년 중 후반에 생산된 차다. 내표가 없이 사격지로 포장된 차와 약간 누런색이 나며 두꺼운 후황면지厚黃棉紙로 포장된 차가 있다. 포장지 하단 중국토산축산진출구공사의 중中자는 구口가 큰 대구중이며 내비의 맹해 차창출품 중 출出자가 첨출이다. 무게는 380g전후이며 병면이 크다. 경발효시켜 만든 차로 생차에 가까운 맛이 난다. 생차 계열의 차보다는 쌉쌀한 맛이 약하나 약장향이 나며 맛이 조화로우며 바디감이 얇다. 숙차처럼 밋밋하지 않으며 생차의 쓰고 떫은 맛은 약해 생차와 숙차의 중간적인 맛이 난다.

후황면지 대남인

대황인 _ 조수발효

1970년 중 후반에 생산된 차다. 포장지는 사격지 혹은 세로로 줄이 길게 보이는 얇은 사격지 絲格紙이며 포장지의 중앙 팔중도안의 차茶자가 황색이면서 내표가 있는 대황인, 차자가 녹색이며 내표가 없는 대황인, 격문지 포장지에 차자가 녹색인

대황인 등 여러 종류가 있으며 얇은 사격지에 차자가 황색이며 내표가 있는 것이 생산시기가 가장 빠르다. 포장지 하단 중국토산축산진출구공사의 중中자는 구口가 큰 대구중과 구口가 작은 소구중이 있으며 내비의 맹해차창출품 중 출出자가 첨출이다. 무게는 380g전후이며 병면이 크다. 약하게 경발효시켜 생차에 가까운 맛으로 생차 계열의 차보다 쌉쌀한 맛이 얇지만 조화롭다. 바디감이 얇고 가벼운 맛보다는 풍부한 약장향이 좋다.

수남인 _ 조수발효

1970년 중 후반에 생산된 차다. 사격지나 간격이 너른 얇은 격문지格紋紙 로 포장되어 있으며 내표가 없이 포장된 차도 있다. 포장지 하단 중국토산축산진출구공사의 중中자는 구口가 큰 대구중과 구口가 작은 소구중이 있으며 내비의 맹해차창출품 중 출出자가 첨출이다. 무게는 380g 전후이며 병면이 크고 무겁다. 경발효시킨 차로 후발효가 잘 이루어진 약향이 나지만 수남인은 다른 차에 비해 유난히 쓴맛이 두드러진다. 쓴맛이 강하게 나며 맛의 결이 유사한 차로는 1930년대 정흥호, 1950년대 복록공차가 있다.

간격이 넓은 격문지 수남인

대구중 7572 _ 조수발효

1970년 중 후반에 생산된 차다. 포장지는 세로로 길게 줄이 있는 얇은 사격지絲格紙 혹은 면지棉紙가 있으며 사격지로 포장된 차의 생산시기가 빠르다. 포장지 하단 중국토산축산진출구공사의 중中자는 구口가 큰 대구중이며 내비의 맹해차창출품 중 출出자가 첨출이다. 무게는 380g전후이며 병면이 크고, 가볍게 경발효 시킨 모차로 긴압해 생차에 가까운 맛이 난다. 쌉쌀한 맛과 약장향이 나며 회감에서 단침이 많이 올라오는 좋은 차다. 대구중 7572는 1990년대 말에야 홍콩창고에서 나와 대만의 판매상 장강예술長江藝術에서 유통시켰다. 실제 품질보다는 유명세 때문에 같은 시기 생산된 다른 차에 비해 가격이 높게 형성되고 있다.

사격지 대구중 7572

후황격문지 소구중 7582

1970년 말에서 1980년 초반 사이에 생산된 차다. 두껍고 누런색의 후황격문지厚黃格紋紙에 내표가 없이 포장된 소구중과 하얀색의 두꺼운 후백격문지厚白格紋紙로 포장된 내표가 있는 소구중 7582도 있다. 포장지 하단 중국토산축산진출구공사의 중中자는 구口가 작은 소구중이며 내비의 맹해차창출품 중 출出자가 첨출이면서 글자체는 보통 글자판과 미술자 글자판이 있다. 간혹 보이는 내비에 평출인 것은 첨출에 비해 생산시기가 늦다. 한 건(12통)에 있는 대표大票는[44] 세로형이다. 1972~1983년까지의 대표는 세로형이며, 1984년 이후에는 가로형을 사용하여 대표의 형태로 생산시기를 구분할 수 있다. 무게는 380g전후이며 병면이 크고, 가볍게 경발효 시킨 모차로 긴압해 생차에 가까운 맛이 난다. 약장향이 나며 쌉쌀하고 생차 계열의 차보다는 전체적인 맛이 얇고 가볍다. 1980년대 중반 이후에는 8582 생차 계열로 바뀌면서 지금까지 생산된다.

1980년대

설인 7532 _ 생차

1980년 초반에 만들어진 7532 계열의 차다. 포장지는 약간 두꺼운 후격문 지와 후면지 두종류가 있다. 내비는 평출, 내표는 소내표小內票이다. 어린 찻잎으로 병배하여 쌉쌀한 맛과 바디감은 넓지 않으나 상쾌한 쓴맛과 살짝 의 신맛이 난다. 7532 계열은 3~5등급의 찻잎으로 만들며 병면에 3등급이 하의 어린 찻잎으로 되어 있는것이 특징이다. 보편적으로 바깥쪽 가장자리 가 얇으며 무게는 340g 전후다. 포장지 중앙 팔중도안의 차茶자 색상은 짙 으며 글자 주변에 기름이 번져난 듯한 느낌이 있다. 한통의 포장은 죽피가 아닌 우피지牛皮紙로[45] 포장되어 있다.

설인 후면지 7532

후면지 7532

1980년 중반에 만들어진 차다. 포장지는 후격문지와 후면지가 있으며 1980년 초반 설인 7532와는 내표內票의 크기가 다르다. 1980년 초반의 설인 7532는 소내표 (13cm x 10.5cm), 1980년 중반에 생산된 7532는 대내표 (15cm x 10.5cm)다. 후격문지로 포장된 차의 생산시기가 조금 빠르다. 내비는 평출이며 어린 찻잎으로 병배하여 쓰고 떫은 맛의 바디감은 넓지 않으며 상쾌한 쓴맛과 쌉쌀한 맛이 특징이다. 무게는 340g 전후며 한 통의 포장은 죽피로 되어있다. 1건(12통)에는 생산 기록이 있으나 낱편이나 한 통으로 유통되면 정확한 연도를 알수 없다.

박면지 7532 _ 생차

1980년 후반에 만들어진 차다. 얇은 박면지薄棉紙와 망문면지網紋棉紙에
포장되어 있다. 포장지는 1980년대 중반에는 후면지이나 후반으로 갈수록
종이가 얇아져 포장지 지질紙質로 생산시기를 구분할 수 있다. 박면지와
망문면지는 구분이 어렵다. 망문면지는 직조 조직이 한문 그대로 그물망과
같이 촘촘하며 아주 작은 구멍이 있다. 평출 내비며 어린 찻잎으로 병배해
바디감은 넓지 않고 쓰고 떫은 맛이 조화로우며 상쾌한 쓴맛, 쌉쌀한 맛이
난다. 무게는 340g 전후며 한통의 포장은 죽피로 되어있다. 대부분이 낱편
이나 한통으로 유통되어 정확한 생산 연도를 알수 없다.

망문면지 7532

소내표 후격문지 7542

1980년대 초반에 만들어진 차다. 예전에는 원년 7542라고 불렀다. 포장지는 약간 두꺼운 후격문지며 내비는 평출이고 무게는 340g전후이다. 일반적인 보이차의 내표는 대내표(15cm x 10.5cm)와 소내표(13cm x 10.5cm) 두 종류이며 소내표의 생산시기가 빠르다. 7542는 맹해차창의 가장 대표적인 생차며 표준적인 맛과 향이라 할수 있다. 7542는 3~6등급의 찻잎으로 병배하였으며 병면에는 3등급 이하 황금색의 어린 찻잎이 고르게 덮여 있다. 노엽이 섞이지 않고 적당히 자란 찻잎으로 만들어 쓰고 떫은 맛이 강하나 오랜 세월 발효가 되면서 장향이 나며 바디감이 풍부하다. 8582와는 달리 차의 중간 부분이나 가장자리 두께가 크게 차이가 없다. 포장지 중앙의 팔중도안 차茶자의 색상은 80년대 중반까지는 짙은 녹색이나 후반으로 갈수록 밝은 녹색을 띈다.

후면지 7542 _ 생차

후면지 7542

1980년 중반에 만들어진 차다. 포장지는 약간 밝은 하얀색이 나는 두꺼운 후면지와 좀더 누런색이 나는 후면지가 있으며 내비는 평출이며 무게는 340g전후이다. 1980년 초반과 중반에 생산된 7542의 차이는 내표의 크기다. 1980년대 중반에 생산된 7542는 대내표다. 생차 계열의 숫자급 노老보이차의 가장 표준적인 향과 맛이라고 할수 있다. 너무 어린 찻잎이나 노엽老葉이 섞이지 않고 적당하게 자란 찻잎으로 병배하여 쓰고 떫은 맛은 발효가 되면서 장향이 나고 조화로운 바디감을 느낄수 있다. 1980년대 후반에 만들어진 7542에 비해 병면이 약간 두꺼운 편이다. 7542 종류는 당시 생산량이 많아 다른 차 종류에 비해 잔존 수량이 많은 편이다.

1980년 후반에 만들어진 차다. 얇은 박면지와 망문면지에 포장되었으며 박면지의 생산시기가 좀 빠르다. 1990년 초반 이후에 사용되는 망문지와 망문면지의 차이점은 직조 조직이다. 망문면지는 중간중간 가느다란 면실이 보인다. 내비는 평출이며 무게는 340g전후이다. 동일한 박면지 포장지에서 중앙 팔중도안의 차茶자가 밝은 연녹색과 진녹색 두종류가 있다. 건창차의 대표라고 불리는 유명한 88청병은 1989년에서 1991년 사이에 만들어진 7542 계통의 차다. 특징으로는 망문면지에 차茶자가 연녹색이며 병면이 약간 크다. 잔존 수량이 많아 시중에서 많이 볼수 있는 차로서 생차 계열에서 가장 표준적인 맛과 향이다.

박면지 7542
망문면지 7542

후지 8582 _ 생차

1985년에 만들어진 차다. 1985년 홍콩의 남천공사에서 성차사(성공사)를
통하지 않고 맹해차창에 직접 주문 생산하면서 큰 찻잎으로 병배하여 8582
라고 이름지은 차다. 당시 남천공사의 주문과 동일한 병배 방법으로 지금
까지 생산이 이어지는 맹해차창의 대표적인 생차이다. 생산시기는 후격문
지, 후면지, 납지蠟紙 순으로 생산되며 내비는 평출이고 무게는 370g전후
다. 8582는 5~8등급의 크고 튼실한 찻잎과 적당한 노엽으로 병배되며 병
면은 3~4등급의 고른 찻잎으로 덮여져있다. 큰 찻잎과 적당한 줄기가 있
어 맛이 묵직하며 쓰고 떫은 맛이 중후하며 발효가 되면서 장향과 바디감
이 풍부하다. 발효되기 전의 강렬한 쓰고 떫은 맛은 두툼하고 묵직한 맛으
로 변하며 큰 찻잎과 줄기가 주는 시원한 뒷맛은 다른 차에서 볼수 없는 특
징이다. 풍부한 맛과 향 강렬한 회감 등은 8582가 동일한 시기의 다른 차
에 비해 훨씬 높은 가격에 거래되는 이유다. 8582계열의 특징은 차의 중
간 부분이 두텁고 가장자리가 얇으며 포장지 중앙 팔중도안 차茶자의 색
상이 짙은 녹색이다.

후면지 8582

박면지8582

납지 8582

박지 8582 _ 생차

1980년 중 후반에 만들어진 차다. 포장지는 박면지와 망문면지 등이 있으며 내비는 평출이며 무게는 370g전후다. 다 자란 튼실한 찻잎으로 병배하여 맛이 폭 넓고 묵직하다. 강한 쓰고 떫은 맛과 향은 발효가 되면서 장향으로 변하고 바디감이 풍부하다. 박지 8582는 7532, 7542와는 달리 병면 뒷면에서 누렇고 큰 노엽을 볼수 있으며 포장지 밖으로 만져도 찻잎이 확연히 큰 것을 알수 있다. 숫자급 보이차에서 포장지로 구분되지 않을 때 병면 뒷면에 노엽이 보이면 8582 계열로 분류한다. 저장환경에 따라 발효정도도 각기 달라 습기에 노출되지 않은 8582는 풋맛이 남아 있기도 하다.

특급대엽청병 _ 생차

1980년 초반 이후부터 만들어진 차다. 특급대엽청병은 대만 상인 황슬금
이 지은 이름이다. 7582 병배와 같이 비교적 큰 찻잎으로 병배하여 만든 차
로 포장지는 후격문지, 후면지 등이 있다. 포장지가 동일한 후격문지이긴
하나 1980년 초반에 생산된 차는 소내표, 1980년 중반에 생산된 차는 대내
표의 차이점이 있어 생산시기의 구분이 가능하다. 특급대엽청병은 1980년
초반부터 1980년 중반까지 생산되었다. 포장지 중앙 팔중도안 차茶자 색
이 짙은 녹색이며 바깥 쪽 가장자리의 두께가 얇다. 내표는 정사각형의 작
은 소내표와 가로 길이가 긴 직사각형의 내표가 있다. 내비는 평출이면서
무게는 370g 전후로 다 자란 큰 찻잎으로 병배해 맛이 묵직하다. 쓰고 떫은
향이 발효가 되면서 어우러져 장향이 나며 바디감이 풍부하게 느껴진다.

대내표 후면지 대엽청병

망문면지 7572

1980년대 중반부터 후반까지 만들어진 숙차다. 포장지 지질이 매우 다양하다. 1980년대 중반에는 후면지로 포장되어 있으며 후반에는 박면지와 망문면지 등으로 포장되어 있다. 평출내비이며 무게는 370g 전후이다. 1970년대 말 조수발효시켜 만든 대구중 7572 이후 1980년대로 넘어가면서 7572는 모두 악퇴발효시켜 만든 숙차이다. 1990년대 숙차에 비해 악퇴발효 정도를 가볍게 한 것이 특징이다. 경발효 후 악퇴를 했기 때문에 생차의 성질이 남아 있는 숙차이며 저장 환경에서 발효가 진행되어 독특한 풍미가 있다.

8592 _ 숙차

후면지 8592

1980년대 중 후반부터 만들어진 차다. 후격문지, 후면지, 박면지 망문면지 순으로 생산되었으며 평출내비이며 무게는 370g 전후다. 1980년대 중반에 만들어진 8592는 후격문지이거나 후면지이며 1980년 후반에 만들어진 차는 박면지나 망문면지이다. 초기의 8592는 홍콩의 남천공사에서 주문 생산한 숙차다. 숫자급 보이차 중에서는 가장 큰 찻잎으로 병배하여 긴압해 숙차지만 맛이 얇지 않고 비교적 두터운 편이다. 저장환경에 따라 완전히 발효가 이루어진 차와 아직 발효가 완전히 진행되지 않은 숙차로 구분해 볼 수 있으며 두 종류는 향과 맛의 차이점이 뚜렷하게 구별된다. 1980년 말 8592 중에서는 포장지에 남천공사의 천天자 자색 도장으로 찍은 차가 있다. 유통과정에서 자천병이라고 한다. 생차 계열의 8582와 포장지가 비슷해 도장을 찍어 구별한 것이다. 1992년에는 홍콩 림기원차행林奇苑茶行에서 맹해차창에 주문하면서 빨간색 천자 도장을 찍어 이 차를 홍천병이라고 한다.

1990년대

성차사(성공사) 상표 중차도안(팔중도안)

1985년 이후 보이차의 생산 및 판매는 성차사(성공사)를 거치치 않고 자체 생산과 판매를 할수 있도록 정책이 바뀌었다. 그렇지만 맹해차창을 비롯한 국영차창들은 1990년대 이후에도 여전히 성차사 소유의 중차 팔중도안을 사용하였다. 1994년 이후 성차사에서 맹해차창에 주문 생산한 차는 포장지 하단의 중국토산축산진출구공사운남성차엽분공사에서 차엽葉이 아닌 업業으로 인쇄하였다. 맹해차창에서는 1994년부터 2004년까지 94업 등 몇종류의 보이차에 업業자 인쇄 외 대부분은 엽葉자로 인쇄되었다. 두종류는 맛과 향이나 품질에서 특별한 차이는 없으나 마니아들은 업자보다 엽자를 선호한다.

7542 시리즈

1989년부터 1991년 사이에 생산된 7542 계열의 차다. 얇은 박면지와 망문면지가 있으며 포장지 중앙 팔중도안의 차茶자가 연녹색이다. 동일한 종류지만 저장 장소에 따라 발효정도의 차이가 크다. 88청병으로 건창차의 효시로 알려진 진국의陳國義가 구입한 차는 고층 창고에 보관되어 발효가 이루어지지 않아 풋향 풋맛이 강하다.

89년~91년 사이에 생산된 7542(88청병)

반면 홍콩의 전통 창고에 보관되었던 차는 발효가 많이 진행되어 농익은 향과 맛이 난다. 노老 보이차 중에서 발효의 편차가 가장 다양한 차다. 무게는 340g전후로 쌉쌀한 맛과 향이 특징이며 회감에서 단침이 풍부하다.

92년 소칠 7542 _ 생차

1992년에 만들어진 7542 계열의 차다. 포장지는 망문면지이며 무게는 340g 전후다. 포장지 중앙의 차茶자 글자 색상이 1989~1991년 사이에 생산된 7542보다는 약간 짙다. 시중에서는 1992년까지 생산된 7542 역시 88청병으로 유통시키고 있으나 엄밀히 판단하자면 1992년에 생산된 7542는 88청병에 속하지 않는다. 포장지 상단의 운남칠자병차에서 칠七자의 아래가 짧은 것을 소칠이라고 한다. 병면이 깨끗한 차를 건창, 병면에 약간 백상이 있거나 매변이 발생된 차를 습창이라고 이야기하지만 한 창고 안에서도 놓여 있는 위치에 따라 발효 정도와 병면 색상의 편차가 크다.

92년 무내비 7542 _ 생차

1992년에 만들어진 7542계열의
차다. 내표와 내비가 없기 때문
에 무내비 7542라고 한다. 생
차 계열의 7542외에 동일한
연도의 무내비 숙차도 있
다. 숙차 계열의 차는 8592
와 같이 큰 찻잎으로 병배
했고, 포장지는 망문지다. 생
차 계열은 340g 전후이며 숙
차 계열은 380g 전후다. 포장지
중앙의 차茶자 글자 색상은 연한
녹색과 짙은 녹색 두 종류가 있다. 홍
콩 창고에서 짧게 저장된 탓에 발효가 많이 진행된 차

는 농익은 향과 맛이 나지만 발효가 적게 진행된 차는 풋향과 풋맛이 아직
남아 있다. 1990년 후반 한국으로 수입된 차는 실온에서 장기간 보관되어
신맛이 강하게 두드러지게 나타나는 차도 있다.

92년 무내비 7542

93년 소칠 7542 _ 생차

1993년은 숫자급 보이차(7532, 7542, 8582)의 포장지 도안이 바뀌는 시
기이다. 1993년에 생산된 소칠 7542는 전통적으로 생산되었던 숫자급 보
이차 도안을 그대로 유지하지만, 대칠 7542는 도안이 새롭게 바뀐다. 숫자

급 보이차는 생산시기에 따라 1970년부터 1993년 이전에 생산된 차는 포장지 도안이 동일하지만 생산시기에 따라 종이 지질이 차이가 난다. 1980년 말 1993년 이전에는 종이 중간 중간 가는 면실이 보이는 망문면지였으나 1993년 이후에는 면실이 없는 망문지를 사용하여 지질에 따라 생산시기의 구별이 가능하다. 포장지 글자를 보면 운남칠자병차에서 칠七자의 아래가 짧게 옆으로 휘어진 것을 소칠이라고 한다.

93년 소칠 7542

96년 수남인 7542 _ 생차

1996년에 생산된 7542 계열의 차다. 포장지는 망문지이며 차의 무게는 340g 전후다. 수남인은 유통과정에서 포장지 중앙의 차茶자 남색이 물 빠진것처럼 연하다고 하여 만들어진 이름이다. 1996년에 생산된 수남인은 유통되는 수량이 많지 않아 시중에서 보기가 쉽지 않다. 내비에 인쇄된 글자 맹해차창출품勐海茶廠出品에서 창廠차가 번체자 창廠자이며 이러한 특징으로 97년에 생산된 수남인과 구별을 할 수 있다.

97년 수남인 7542 _ 생차

1997년에 생산된 7542 계열의 차다. 망문지를 사용하였으며 무게는 340g 전후로 1996년 수남인에 비해 포장지가 더 낡은 느낌이다. 1996년 수남인 보다 생산된 양이 많아 유통과정에서 많이 볼 수 있다. 1996년에 생산된 수남인 7542 보다 소비자에게 많이 알려져 인지도가 훨씬 높다. 포장지는 1993년 이후 생산된 차의 포장지와 도안은 동일하지만 내비에 인쇄된 글자 창厂자가 이때부터 간체자로 바뀌게 된다. 내비에 인쇄된 글자 창厂자를 통해 1990년대 생산된 보이차의 생산시기를 가늠하는 기준이 될 수 있다. 1997년 이전에 생산된 보이차는 내비에 인쇄된 글자 맹해차창출품에서 창자가 번체자 창廠, 1997년 이후에 생산된 차는 간체자 창厂자로 바뀌게 된다. 1972년~1996년까지 생산된 모든 보이차는 내비에 인쇄된 글자가 번체자 창廠자 이다. 포장지 중앙의 차茶자가 연한 녹색인 수남인은 1995년~1998년 사이에 생산된 보이차 중에서 7542 계열도 있지만 8582 계열도 있다. 7542 계열이지만 특별하게 병면 위에 생산시기가 표기된 작은 내비가 들어 있는 차들이 있다. 내비에 생산 일자를 보면 93년 10월로 인쇄 되어져 있어 이 차를 시중에서는 93년 수남인이라고 부르기도 한다. 하지만 이 차들의 공통적인 특징은 뒷면 포장지를 열어본 흔적이 있다는 것이다. 아마 유통과정에서 생산시기가 적힌 소내비를 인위적으로 넣었다고도 볼 수 있기 때문에 실제 생산 연도는 아니라고 판단해야 한다. 작은 소내비를 중국에서는 전자표電子票 내비라고 한다.

97년 수남인 7542

97년 소녹인 대구중 _ 생차

97년 소녹인 대구중 7542

1997년에 생산된 7542 계열의 차다. 포장지는 망문지이며 무게는 320g 전후다. 병면이 다른 숫자급 보이차에 비해 작아 소녹인이라 불리며 포장지 하단 중국토산축산진출구공사에서 중中자의 구口자가 커서 대구중이라고 한다. 포장지 중앙의 차茶자 색상은 짙은 녹색이다. 내비에 인쇄된 글자 맹해차창출품에서 창자가 간체자 창厂자로 인쇄돼 있다. 1990년대의 보이차는 특히 다양한 발효 정도의 맛과 향을 지니고 있다. 홍콩 전통 창고가 아닌 홍콩, 대만, 중국 내륙의 많은 지역의 다양한 창고에 보관되어 충분히 발효가 이루어지지 않은 차는 풋향, 풋맛이 강하고, 발효가 많이 이루어진 차는 농익은 향과 맛이 나타나는 동일한 년도의 차일지라도 큰 편차가 있다.

포장지의 직조를 확대해보면 그물망 같이 미세한 구멍이 많은 망문지이며 포장지 중앙에 차茶자 색상의 짙은 녹색이다. 도안은 대칠판이며 내비에 인쇄된 글자에서 창廠자가 번체자다. 1993년은 포장지 상단 운남칠자병차의 칠七자가 아랫변이 옆으로 뻗친 정도가 작은 소칠七에서 큰 대칠七로 바뀌는 한해다. 그 이후로 1993년에는 소칠七판과 대칠七판 2종류가 있다. 대칠판으로 바뀌면서 영문자 크기는 작아진다. 8582 종류의 병면 뒷면을 살펴보면 노엽 老葉의 황편黃片이 중간중간 섞여 있는 특징이 있다. 7542에 비해 맛이 묵직하면서 살짝 쓴맛이 나긴 하나 조화롭고 화하면서 시원한 느낌과 바디감이 넓다. 병면의 특징은 바깥 가장자리 두께가 얇아 7542와는 구별할 수가 있다. 93년 대칠판은 7542 계열의 차도 있다.

95년 번체자 내비 8582 _ 생차

1995년에 생산된 8582 계열의 차다. 포장
지는 망문지이며 무게는 360g전후다. 포장
지 중앙 차茶자 색상이 수남인처럼 물 빠진
연한 녹색이거나 좀 더 짙은 색상이 나기도
한다. 내비에 인쇄된 맹해차창출품에서 차
창 창廠자가 번체로 되어 있다. 병면 뒷면은
노엽老엽의 황편黃片이 중간중간 있는 것을
볼수 있다. 7532, 7542에 비해 맛은 묵직하
면서 바디감이 넓다.

95년 번체자 8582

97년 간체자 내비 8582 _ 생차

1997년에 생산된 8582 계열의 차다. 포장
지는 망문지이며 무게는 360g전후다. 포장
지 중앙 차茶자 색상이 수남인처럼 물 빠진
연한 녹색이거나 좀 더 짙은 색상이 나기
도 한다. 내비에 인쇄된 맹해차창출품에서
차창 창厂자가 간체로 되어 있다. 병면 뒷
면은 노엽老엽의 황편黃片이 중간중간 있
는 것을 볼수 있다. 포장지는 1995년 생산
된 8582에 비해 더 산화된 느낌이 난다. 동
일한 연도의 7532, 7542보다 훨씬 높은 가
격이 형성된다.

97년 간체자 8582

1989년 맹해차창은 성차사(성공사) 소유 상표인 중차도안을 사용하면서 맹해차창 브랜드 대익패 상표를 등록하게 된다. 1996년 최초로 대익패 상표를 사용한 보이차를 생산하기 시작하여 2004년 대익으로 민영화되기 전까지 이어진다.

96년 자대익 _ 생차

1996년에 생산된 보이차다. 7542 계열의 차로서 포장지 중앙에 보라색 대익패 상표가 인쇄되어 있다. 보라색이 장미색과 비슷하여 장미 대익이라고도 한다. 포장지는 망문지이며 포장지 하단에는 중국운남서쌍판납맹해차업유한책임공사中國雲南西雙版納勐海茶業有限責任公司로 표기되어 있다. 1996년 맹해차창의 회사명칭이 맹해차업유한책임공사로 변경이 되며 내비 도안의 글자도 대익패 상표와 서쌍판납맹해차업책임유한공사로 표기되었다. 내비의 대익패 상표는 붉은 색이며 무게는 340g전후다.

96년 자대익

97년 홍대익 _ 생차

1997년에 생산된 7542이다. 포장지는 망문지이며 무게는 340g전후다. 포장지 중앙의 대익패 상표가 홍색이며 포장지 하단에는 중국운남서쌍판납맹해차업유한책임공사中國雲南西雙版納茶業有限責任公司로 표기되어 있다. 내비는 홍색 대익패 상표와 서쌍판납맹해차업책임유한공사로 표기되어 있으며 최초로 홍대익 상표로 만들어진 차다.

성차사(성공사)에서 맹해차창에 주문 생산한 보이차

중국토산축산진출구공사운남성차엽분공사를 줄여서 성차사(성공사)라고 한다. 성차사는 1994년 중국토산축산진출구공사운남성차업분공사로 회사 명칭을 변경하고 회사명칭과 같이 포장지 하단에는 차엽 엽葉자가 아닌 차엽 업業자로 인쇄하였다. 1994년 과도기에 성차사에서 맹해차창에 주문 생산한 보이차의 포장지에는 팔중도안에 차엽분공사의 엽葉자와 차업분공사의 업業자 두 버전이 있다.

1994년에 생산된 차이며 업자로 인쇄된 최초의 7542 계열의 차다. 포장지
는 망문지이며 무게는 340g전후다. 포장지 하단의 회사명이 차엽 엽葉자가
아닌 차업 업業자로 인쇄되어 있어 시중에서는 업業자병이라고 한다. 94년
생산된 업자병은 7542 생차 외 숙차도 있다. 업자병 7542는 저장상태에 따
라 발효 정도의 편차가 크다.

94년 업자 7542

96년 業業자 등중등 7532 _ 생차

등중녹 7532 내비

등중등 7532 내비

1996년에 생산된 7532 계열의 차이며 포장지는 망문지다. 포장지 중앙 팔
중도안 차茶자 색이 등황색이며 내비의 차茶자 역시 등황색인 차는 등중
등이라 부르고 내비의 차茶자가 녹색인 차는 등중녹이라 부른다. 등중녹은
7532 계열의 차 외에 8582 계열의 차도 있으며 포장지 하단 인쇄된 글자에
업業자 외에 엽葉자로 된 차도 있다. 업자병은 성차사(성공사)에서 맹해차
창에 주문 생산한 차이며 엽자병은 맹해차창의 자체 제작한 차다. 등중등
은 병면에는 어린 찻잎으로 고르게 배분되어있으나 전체 찻잎은 전형적인
7532 계열의 찻잎보다 약간 큰 찻잎으로 병배하였으며 무게가 380g전후다

1999년에 생산된 보이차로 포장지는 망문지이며 무게는 340g 전후다. 태족문이란 병면에 있는 내비의 인쇄된 글자에 서쌍판납자치주西雙版納自治州 맹해차창출품勐海茶廠出品 오른쪽 옆에 작은 글자로 태족들이 사용하는 차茶자가 표기돼 있어서 태족문 또는 태문이라고도 부르기도 한다. 1999년 생산된 태족문 7542는 포장지 하단 글자에 따라 성차사(성공사)에서 맹해차창에 주문 생산한 차는 업業자, 맹해차창에서 생산 유통한 차는 엽葉자로 분류된다. 인쇄된 내비의 글자에서 태족문이 인쇄된 차는 맹해차창에서 1999년부터 2003년 사이에 생산된 일부 보이차에 표기돼 있다.

태족문 업자병7542

태족문 엽자병 7542

개인 차상들이 맹해차창에 주문 생산한 보이차

1990년 이후 보이차 시장이 조금씩 확대되면서 보이차 생산에도 변화가
일어난다. 1970년~1990년 사이 맹해차창에서 생산된 모든 보이차는 중차
도안 즉 팔중도안이며 상단에는 운남칠자병차로 표기되어 있다. 1990년대
이후에는 개인 혹은 개인차상들이 직접 주문할수 있게 되면서 주문자가 디
자인한 포장지로 포장된 보이차가 생산되기 시작한다. 가장 대표적인 것은
섭병회葉炳懷라는 광동 상인이 주문 제작한 포장지에 녹색의 차나무 한그
루가 찍혀있는 녹대수錄大樹(일과수라고도 함)다. 포장지 상단에는 최초
의 고산보이차에서 시작하여 이무정산야생차로 변하였고 중앙에 녹색의
차나무와 하단에는 운남성맹해차창출품으로 인쇄되어 있다.

93년 고산보이차 _ 생차

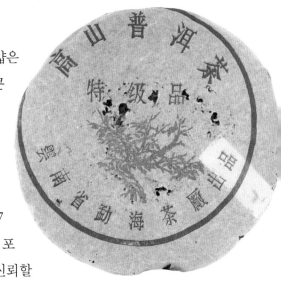

1993년에 만들어진 녹대수다. 포장지는 얇은
망문지이며 무게는 380g전후다. 비교적 큰
찻잎으로 병배했으며 노엽이 많이 섞여 있
다. 전통적인 팔중도안이 아닌 주문자의 디
자인이 들어간 최초의 개인 주문 보이차다.
병면 속에는 중국에서는 전자내비라고 하
는 소내비가 들어있다. 제조 년 월 일은 87
년7월6일로 표기되어있지만 이 차는 모두 포
장지를 열어본 흔적이 있어 87년산이라고 신뢰할

수는 없다. 수남인 종류 중에도 93년으로 찍혀있는 소 내비가 있는 차도 있다. 공통으로 포장지 뒷면을 개봉한 흔적이 있다는 점으로 유추해 볼 때 차 창에서 생산 시에 넣은 것이 아니라 판매상들이 생산 연도를 올리기 위해 인위적으로 넣은 것이라고 볼 수 있다. 1980년~1990년까지 맹해차창 생산 보이차들에는 생산 연도를 표기한 적이 없기 때문이다.

99년 이무 녹대수 홍표 _ 생차

99년 이무녹대수 홍표

1999년 생산된 보이차로 포장지는 두꺼운 후흑초지厚黑草紙이며 무게는 360g 전후다. 내비 뒷면에 빨간색 도장이 찍혀 있어서 홍표라고 부른다. 홍표와 흑표는 포장지가 비슷해 구분하기 쉽지 않다. 두 가지 보이차 모두 포장지 중앙에 인쇄된 글자가 특급품이라고 표기되어져 있다. 두 가지 홍표와 흑표를 구분하기 위해서는 이무정산야생차 글자에 '이易'자의 위치와 중앙 글자 특급품의 '특特'자를 일직선으로 보았을 때 특자의 글자가 위쪽에 있는 것이 홍표이다. 전통적인 팔중도안이 아니라 녹색의 차나무가 인쇄돼 있어 유통과정에서는 녹대수綠大樹 또는 일과수라고도 부르기도 한다.

99년 이무 녹대수 흑표 _ 생차

1999년 생산된 녹대수다. 포장지는 두꺼운 후흑면지厚
黑棉紙이며 무게는 360g 전후다. 전통적인 팔중도
안이 아니라 녹색의 차나무가 인쇄된 녹대수(일과
수) 시리즈다. 내비 뒷면에 흑색 인장을 찍은 차를
흑표라고 한다. 차나무 윗부분에는 특급품이라고
인쇄되어 있으며 흑표와 홍표는 포장지가 비슷하
여 구분이 쉽지 않다. 이무정산야생차의 이易자의
위치와 특급품의 특特자를 기준으로 특자보다 약간
아래에 있으면 흑표이다.

이무녹대수 흑표

97년 대구중 황인 _ 생차

1997년 생산된 보이차이다. 포장지는 격문지며 무게는 340g전후다. 포
장지 중앙 팔중도안 차茶자 색이 황색이어서 황인이라 불린다. 포장지는
두꺼운 격문지이며 포장지 하단 중국토산축산中國土産畜産에서
중中자의 구口가 큰 대구중이다. 내비의 茶자는 녹
색이며 병면 뒷면에 중간중간 노엽이 섞여 있
다. 1970년대 만들어진 황인과는 향과 맛의
결이 전혀 다르다. 시중에서는 동일한 이
름으로 황인이라 불리지만 원료와 제다
방법이 전혀 다른 이 차는 70년대 황
인과 연결을 지어 후기황인, 복각황인
등으로 표현하는 것은 맞지 않다.

97년 대구중 황인

1998년 생산된 보이차로 포장지는 망문지이며 무게는 340g 전후다. 병면 속에 빨간색 끈을 넣어 만들어 홍대紅帶라고 하며 다르게는 홍사대, 홍띠 라고도 부른다. 포장지에 인쇄된 글자 색이 붉은색으로 1950년대 만들어 진 홍인과 같이 붉어 홍인이라고 부른다. 원료, 제다과정, 저장환경이 전혀 달라 1950년대 만들어진 홍인과 비교하면 안 된다. 이름만 홍인인 보이차 로 포장지의 지질과 인쇄 색상도 전혀 다르다. 찻잎을 섞는 병배 방법은 병 면 앞면이나 뒷면에서 찻잎의 크기가 비슷해 차이가 나지 않는다. 비교적 어린 찻잎으로 병배되어 7532 계열의 맛이 난다. 맛이 산뜻하면서 얇고, 시 원한 쓴맛이 마시는 사람의 기분을 좋게할 뿐만 아니라 입안에 감도는 쌉 쌀한 맛 역시 매우 좋다. 홍대 홍인처럼 빨간색 끈을 넣기도 하지만 황색 끈이 들어 있는 차도 있다. 황색끈이 들어 있는 차는 황대黃帶 혹 은 황띠라고 할 수 있다.

98년 홍대 홍인

숫자급 보이차의 또 다른 이름

숫자급 보이차는 차창에서 출시될 때 고유의 숫자로 된 이름이 있다. 그러나 유통과정에서 스토리텔링하면서 지어진 이름들과 혼용되어 초보자에게는 상당한 혼란을 준다. 차창에서 출시될 때의 7432, 7452, 7532, 7542, 7572, 7582 등 고유의 숫자 이름은 유통과정에서 수남인, 대남인, 설인, 73청병, 88청병 등 다른 이름으로 불린다.

대구중과 소구중

보이차 포장지 하단 글자에 중국토산축산진출구공사운남성차엽분공사에서 첫 글자인 중中의 구口의 크기가 큰 것은 대구중이라 부르며 구口자의 크기가 작은 것은 소구중이라고 한다.

대구중 포장지7572   소구중 포장지7572

대구중 소녹인(73청병) _ 빨강색 원 테두리와
비슷한 병면 크기 소녹인

대남인 _ 빨갈색 원 테두리를 벗어난 병면 크기

소녹인과 대녹인

숫자급 보이차에서 표준적인 무게는 340g전후다. 무게가 320g전후로 작고
가볍게 만들어진 차는 소小녹인이라고 부르며, 380g전후로 크고 무겁게 만
들어진 차는 대大녹인이라고 부른다. 홍콩에서는 녹인을 남인이라고 하여
대녹인은 대남인이라고도 부른다. 포장지 병면 바깥 테두리 인쇄된 빨간 원
을 기준으로 병면이 원 테두리보다 큰 보이차들은 무게가 380g전후로 나
간다. 반면에 병면이 빨간 원 테두리에 근접해있는 차들은 320g전후이다.

73청병

73청병靑餠은 1980년대 후반 대만 옥호헌의 대표 황슬금이 홍콩의 의안차장에서 7542를 수입해 유통하면서 부르게 된 이름이다. 당시 자료가 부족하여 차의 정확한 연도를 알수 없었다고 한다. 소황인 이후 가장 맛있고 잘 발효되었으며 맛과 향이 70년대 차라고 추정하고 그때 대만에서 73후전이 인기가 있어 73청병이라고 이름 지었다고 한다. 73청병의 무게는 320g전후이거나 미만으로 표준적인 보이차보다 가볍고 크기도 작아 다르게 대구중 소녹인小綠印이라고 부르기도 하였다.

73청병

홍대청병 병면, 홍대청병

홍대청병

1970년대 말에서 1980년 초반 사이에 생산된 7542 계열의 차 중에서 보이차의 병면에 빨간색의 끈을 넣어 긴압한 차를 홍대紅帶 청병이라고 한다. 다른 말로는 홍띠청병, 홍사대 청병이라고도 부른다. 1990년대 들어와서 홍색의 끈을 넣은 차도 있지만, 노란색의 끈을 넣어 긴압한 차도 있다. 노란색 끈이 들어 있는 차는 황대 혹은 황띠라고 부른다.

수남인

1970년대 중분에 생산된 수남인水藍印은 중앙의 차茶자가 물 빠진 남색이나 물의 색처럼 연하다고 하여 붙여진 이름이다. 1990년대 이전에는 천연 안료를 사용하였다. 배합하는 비율과 농도에 따라 색상이 조금씩 차이가 난다. 포장지를 만들 때마다 안료를 배합하여 수작업으로 찍은 차茶자는 위치가 서로 다를뿐만 아니라 녹색의 농도도 편차가 많은 편이다. 1980년대 보이차 중에서 진한 남색은 7532나 8582 계열이 많다. 7542는 80년대 중반에는 진한 남색이 대부분이고 후반에는 남색이 연해진다. 수남인이라고 불리우는 차는 색상이 훨씬 연하다.

1990년대 중반 이후에 생산된 차 중에서 차茶자가 물빠진 남색인 차는 역시 수남인이라 부른다. 대표적인 차는 1997년 7542 수남인, 1996년 7542, 1997년의 일부 8582가 있다.

1970년대 수남인   1997년 수남인 7542

설인

설인은 1980년대 말 대만 옥호헌 황슬금 대표가 홍콩에서 대만으로 수입한 1980년 초반 7532 계열의 차이다. 당시 대만 TV 광고에서 설인이라는 우유 광고가 나오면서 그 우유가 유명해졌다고 한다. 보이차 이름을 고민하던 중 설인雪印 인印자가 인급 보이차의 인印자와 같아 설인이라고 이름지었다고 한다. 이 부분은 당시 황슬금대표와 인터뷰 중 본인의 구술이다. 포장지 중앙의 차茶자가 뿌옇게 눈 내린 것처럼 보인다고 해서 눈 설雪자를 넣어 설인이라고 했다는 설도 있다.

상검 8582

상검 8582, 상검 8582 죽통

1980년대 중반 이후 맹해차창에서는 상품검사를 완료한 일부 보이차 종류에(8582외 다른 보이차에서도 상검 스티커가 붙어 있는 차가 있음) 한해서 녹색의 스티커를 죽피 위에 붙였다. 녹색의 스티커가 붙은 차를 상검商檢 8582라고 부르게 되었다. 상검 8582는 골동보이차 경매시장에서 다른 8582에 비해 월등히 높은 가격에 거래가 이루어지고 있다. 상검 8582는 병면이 다른 차에 비해 크다. 바깥쪽 테두리를 많이 벗어나 눈으로도 병면이 큰 것을 알 수 있다.

88청병

1988년 홍콩 사람인 진국의陳國儀가 다예낙원 茶藝樂園이라는 중국차 교육과 판매를 하는 공간을 오픈하였다. 1990년 전후 홍콩의 보이차 판매시장이 원활하지 않아 성차사(성공사)에서는 홍콩에 영업 담당 직원을 파견하였다고 한다. 직원과 인연이 된 진국의는 350건의 7542를 매입하였다.

백수청판 88청병

진국의판 88청병

홍콩의 차 상인들은 습온도가 높은 전통 창고(대부분 1층이나 반지하)에 보이차를 저장시켰지만 그때까지 차 사업을 해본적이 없는 진국의는 고층 창고에 보이차를 저장하게 되었다. 2005년 이후 중국 국내에서 신차 보이차 제작 열풍으로 건창차라는 이름으로 건조한 환경에 보관된 차들이 유행하기 시작하였다. 고층 창고에 보관되었던 전혀 발효가 되지 않았던 이 차들은 홍콩의 골동보이차 거상인 백수청이 매입하면서 건창차의 표준으로 유명세를 갖게 되며 높은 가격으로 치고 올랐다. 시중에 유통되는 88청병은 백수청판, 진국의판 이라고 불리기도 한다.

92년 무비 청병

1992년에 만들어진 7542 계열에는 내표와 내비가 없는 차도 있다. 이런 차들을 92무비無飛청병이라고 한다. 다른 보이차와 달리 내표와 내비가 없이 생산 유통된 이유는 관련 자료가 없어 알 수 없다. 1993년에 만들어진 숙병 종류에는 내비는 있지만 내표가 없는 차도 있다.

무내비 7542, 무내비 7542 병면

황인과 등인

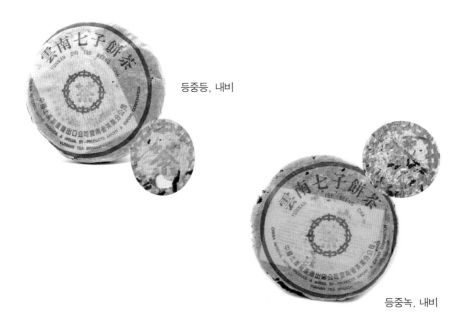

등중등, 내비

등중녹, 내비

황인黃印은 포장지 중앙의 차茶자 색이 황색인 차다. 황색의 농도는 차에 따라, 인쇄 시기에 따라 연한 황색, 진한 황색 등으로 다양하다. 1970년대 황인 종류에는 중앙의 차茶자가 녹색인 것도 있다. 이 차는 인진배방황인認眞配方黃印이라 부른다. 큰 찻잎과 작은 찻잎을 고르게 섞는 병배차의 시작은 1970년 초 황인부터이다. 황인은 포장지의 특성과 병배 방식에 따라 명명된 이름이라고 할수 있다. 등인橙印은 차茶자의 색상이 오렌지 색이다. 1990년대 이후에 생산된 차에서 이런 색을 띤 포장지가 등장한다. 1970년 말에서 황색이 어린 풋사과처럼 연녹색이 나는 차가 있었다.

이 차를 사과황인沙果黃印이라 한다. 황인과 등인은 색상에 따른 이름이지만 병면 속의 내비에 차茶자 색상에 따라 더 세분한다. 포장지에 차茶자가 황색이고 내비의 차茶자도 황색이면 황중황黃中黃, 포장지에 차茶자가 황색이고 내비의 차茶자가 녹색이면 황중녹黃中綠, 포장지에 차茶자가 등황색이고 내비의 차茶자도 등황색이면 등중등橙中橙, 포장지에 차茶자가 등황색이고 내비의 차茶자가 녹색이면 등중녹橙中綠이라도 부른다.

황색 차자 색상이 다양한 소황인

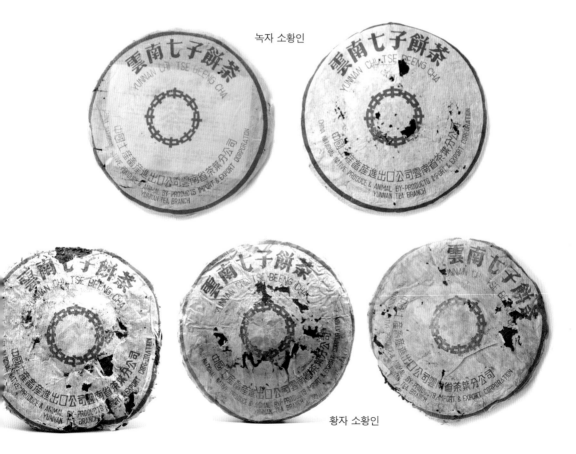

녹자 소황인

황자 소황인

노老

보이차

품차와

감별

品
茶
與
鑒
定

맹해차창에서 생산된 보이차 종류와 특징을
먼저 알고 본격적으로 보이차의 생산시기에
대한 감별을 해야 한다. 유통상인들은 흔히
생산 연도를 실제 연도보다 올려서 판매한다.
차에 대한 지식이 부족할 수도 혹은 고의적일
수도 있지만 대체적으로 보이차는 세월이
오래되면 좀 더 비싸게 거래될 수 있어 소비자는
시가보다 싸게 좋은 차를 구입했다는 착각을
하게 된다. 싸고 좋은 차를 고르기 위해서는
소비자의 안목이 중요하다. 시장에는 또 실제
접하기 어려운 호급, 인급 보이차에 대한 강한
환상 때문에 모방품 차들이 진품으로 둔갑한
차들이 부지기수다. 이번 장에서는 숫자급
보이차가 중심이지만 오래된 골동급의 호급
보이차와 인급 보이차에 대한 감별법도
간단히 소개한다. 노老 보이차의 주류는
아니지만 한국에서 가장 많이 유통된
광운공병의 감별에 대한 상세한 소개도 있다.

노老
보이차
감별

노老 보이차의 감별은 두가지 측면에서 접근해볼 수 있다. 첫째는 생산시기에 대한 감별이며, 둘째는 맹해차장 정창차의 진위 여부의 감별이다. 보이차를 감별하다 보면 재미있는 에피소드가 많이 생긴다. 가장 흔한 경우는 소장자가 차를 구입한 연도의 착각이다. 보이차는 거짓말을 하지 않는다. 1990년 이전에 생산된 차는 포장지에 생산 연도를 알수 있는 표시가 없으나 포장지의 디자인, 지질, 인주 색상 등으로 감별이 가능하다. 포장지를 인위적으로 바꾸었을지라도 병면에서 습기에 노출된 정도에 따라 내비의 산화정도, 병면 색상, 차를 우렸을 때 발효 정도에 따른 맛으로 연도를 구분하고, 우려낸 엽저로 원료, 제다법, 저장환경 등의 특징으로 구분이 가능하다. 포장지에 정확한 연도 표시가 없어 생산 연도를 초반, 중반, 후반 정도로 구분할 수밖에 없다. '이 보이차는 82년이다, 84년이다' 등으로 연도를 말한다면 그 차는 유통과정에서 스토리라고 보면 된다. 객관적으로 보이차를 감별하기 위해서는 판매자나 소장자가 주장하는 스토리를 걷어내는 것이 먼저다. 중국 사신단으로 갔을 때 구해왔다는 보이차, 할아버지가 즐겨 드시다 남겨 두었다는 보이차, 집을 지으려고 땅을 팠더니 나왔다, 청나라 진품 항아리에 보관되었기 때문에 청대의 보이차 라는 보이차들은 진위를 감별할 수 있는 객관적인 자료가 아니다. 1970년대부터 2000년까지 생산되는 노老 보이차 중에서 가격이 높게 형성되는 차는 국가에서 운영한 차창인 맹해차창에서 생산된 보이차이다. 맹해차창 보이차는 세월이 오래될수록 가격이 높게 형성되기 때문에 차의 생산시기의 감정은 특별히 중요하다.

노老 보이차를 마시는 소비자가 가장 궁금해하는 부분은 내가 마시는 차가 언제 생산된 차일까? 또 구입하면서 설명한 이야기와 생산 연도가 맞을까 안 맞을까? 등 이다. 확신이 없다보니 다른 경로를 통해 또 물어보지만 이야기하는 사람마다 다르게 설명하니 도통 아리송한 것이 노老 보이차 세계이다. 위에서 밝혔듯이 보이차의 생산시기를 특정 한다는 것은 몹시 어려운 부분이다. 오래된 차茶냐 아니냐를 감별하는 가장 쉬운 방법은 손으로 들어 보았을 때 무게감을 느껴보는 것이다. 오래된 차일수록 가벼운 느낌이 난다. 중량은 비슷하지만, 세월이 지나면서 병면에 수분이 증발 무게감이 가볍게 느껴지며 긴압 또한 느슨해지는 특징이 있다. 이런 류의 차들은 병면을 뜯을 때 사각거리는 느낌이 좋다.

아래 언급되는 다섯 가지 특징에 따라 보이차의 생산시기를 구분하는 방법을 알아보도록 하자.

첫째, 포장지 지질에 따른 구분이다.

둘째, 보이차 뒷면 포장지 접는 방식에 따른 구분이다.

셋째, 내비의 특징과 내표의 크기에 따른 구분이다.

넷째, 인쇄 특징에 따른 구분이다.

다섯째, 병면 발효 정도에 따른 색상의 변화, 우려낸 차의 맛과 향, 우려낸 엽저 색상 등에 따른 구분이다.

포장지 지질

포장지 종이 지질에 대한 용어는 한국에서 사용되는 용어와 중국에서 사용되는 용어가 다르다. 여기서 언급되는 용어는 진지동 저 『심수적칠자세계』를 참조했다. 현재 노老 보이차 경매 및 유통에 있어서 많은 사람이 참고하고 있기 때문이다.

섬유지纖維紙 _ 닥나무로 가공한 종이로 중간중간 굵은 섬유 가닥(실) 있는 종이.

사문지絲紋紙 _ 가는 면실(雲龍)로 직조되었으며 문양이 없는 아주 얇은 종이.

사격지絲格紙 _ 가는 면실로 직조되었으며 격자 문양 형태가 있는 아주 얇은 종이.

격문지格紋紙 _ 가는 면실이 없는 면지이면서 격자 문양 형태가 있는 얇은 종이.

후격문지厚格紋紙 _ 면지이면서 격자 문양 형태가 있는 두터운 종이.

후면지厚綿紙 _ 면지이면서 두터운 종이.

납지蠟紙 _ 양초가 발린듯한 느낌의 종이.

박면지薄綿紙 _ 면지 이면서 얇은 종이.

망문면지網紋棉紙 _ 확대해보면 그물망처럼 촘촘한 구멍이 있으면서 가는 면실이 있는 종이.

망문지網紋紙 _ 확대해보면 그물망처럼 촘촘한 구멍이 있으면서 가는 면실이 없는 종이.

1970년대 초반부터 1980년 초반 사이에 생산된 보이차 포장지는 사문지, 사격지, 격문지, 후면지로 구분한다. 사격지나 격문지는 직조 조직의 차이만 있을 뿐 문양은 동일한 격자로 이루어져 있다. 격문지는 얇은 격문지와 두꺼운 격문지로 나누어 볼 수 있다. 내표는 모두 소내표이다. 1980년대 중반부터 두꺼운 후격문지, 후면지, 납지 등 종이 재질로 바뀌게 된다.

후격문지나 후면지는 1980년 초반과 중반에 생산된 차는 지질이 동일하지만 내표의 크기로 구분이 가능하다.

1980년대 후반으로 넘어가면서 7532, 7542, 8582 세 종류의 차는 모두 종이가 얇은 박면지, 망문면지로 바뀐다. 박면지나 망문지는 중간중간 면실이 보이지 않으나 망문면지는 두께는 차이가 없이 비슷하나 중간중간 면실이 있어 확대해 볼 때 차이를 알 수 있다. 면지는 수공으로 만든 한지로 얇아도 찰지며 잘 찢어지지 않으며 망문지는 직조는 비슷하나 잘 찢어지는 특징이 있다.

1970~1980

1970~1980년 사이에 생산된 보이차의 포장지 지질

사문지 소황인
사격지 소황인

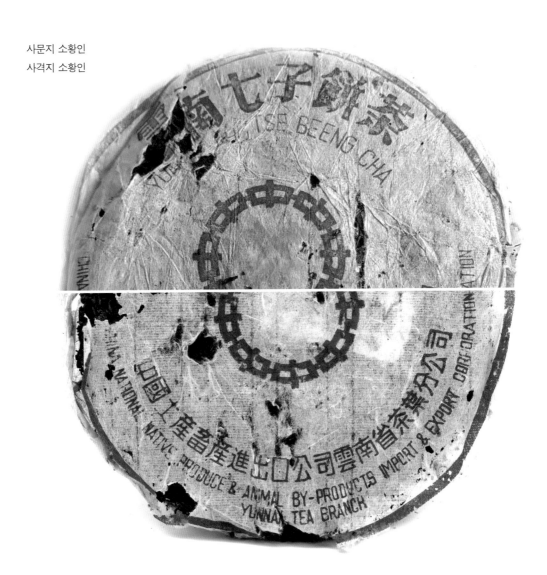

1970~1980년 사이에 생산된 보이차의 포장지 지질

박격문지
후격문지
후면지

1980~1990

1980~1990년 사이에 생산된 보이차의 포장지 지질

후황격문지7532
후백격문지8582
후황면지

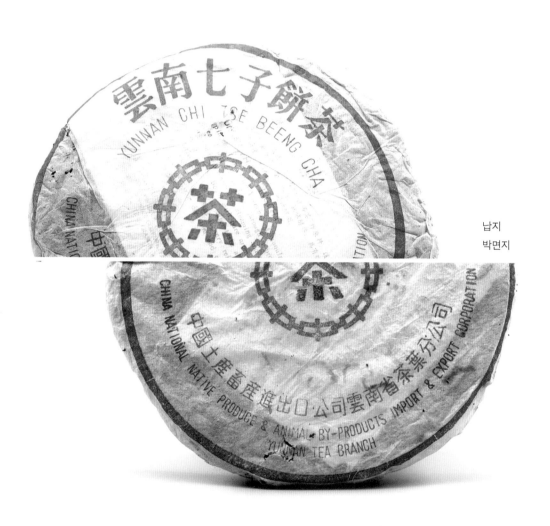

납지
박면지

1990~2000

1990~2000년 사이에 생산된 보이차의 포장지 지질

망문면지

포장지 뒷면 접는 방식

국영차창 중 맹해차창에서 생산한 정창차
들은 시대별로 보이차 포장방법도 약간의
변화가 있다. 1950년부터 1970년까지 인급
보이차의 생산시기의 포장지 뒷면 접는 방
식은 가끔 의외의 포장을 만날 수는 있으나
대부분 절반의 한쪽을 중앙으로 모으고 나
머지 절반을 중앙으로 모아가서 마무리하
거나, 한쪽 방향으로 돌려가면서 중앙으로
종이를 모아서 마무리한다.

숫자급 보이차의 생산시기인 1970년대 초
반에서 1980년대 초반까지의 보이차의 포
장은 보이차의 뒷면에서 한손으로 배꼽 부
분을 누르고 한손으로 한 방향으로 돌려주
면서 그대로 두거나 배꼽부분에 끼워 마무
리한다. 접는 간격은 일정하지 않다. 간혹
인급 보이차 접는 방식으로 절반을 가운데
로 모아두고 다른 반을 다시 가운데로 모아
마무리한 차도 보인다.

1950~1970년 사이에 생산된 인급차 포장지 뒷면 접는 방식

1950년대 홍인 뒷면
1950년대 홍인철병 뒷면
1950년대 남인 뒷면
1950년대 남인철병 뒷면

1970년 초반~1980년 초반 사이에 생산된 보이차 포장지 뒷면 접는 방식

인급 보이차 접는 방식으로 마무리된 차.

배꼽 부분에 끼워 넣지 않고 마무리된 차.

배꼽 부분에 끼워 넣고 마무리된 차.

1980년 초반부터 1990년까지 생산된 보이차 뒷면 접는 방식은 1970년대 생산된 보이차의 마무리와 비슷하다. 한손으로 배꼽부분을 누르고 한손으로 한쪽으로 돌려주면서 그대로 두거나 배꼽 부분에 끼워 넣어 마무리한다. 접는 간격은 일정하지 않다. 간혹 인급 보이차 접는 방식으로 마무리된 차도 있다.

1980년 초반~1990년 초반 사이에 생산된 보이차 포장지 뒷면 접는 방식.

배꼽 부분에 끼워 넣지 않고 마무리된 차.
배꼽 부분에 끼워 넣고 마무리된 차.
인급 보이차 접는 방식으로 마무리된 차.

인급 보이차 접는 방식으로 마무리된 차.
따리를 틀듯이 휘감아 접는 방식으로 마무리.
배꼽 부분에 끼워 넣지 않고 마무리된 차.

1990년 초반에서 2000년까지 생산된
보이차 포장지 뒷면 접는 방식.

내비, 내표, 대표

대내표

소내표

1970년부터 1990년까지 생산된 보이차는 병면에 있는 내비, 내표, 한 건(12통) 속에 있는 대표의 특징으로 구분하는 방법도 있다. 내비는 인쇄된 글자에 따라 서쌍판납태족자치주西双版納傣族自治州 맹해차 창출품勐海茶廠出品에서 출出자의 아래 산山자가 넓고 위쪽 산山자 가 좁으면 첨출내비, 아래 산山자와 넓이와 위쪽 산山자 넓이가 같으

가로형 대표
세로형 대표

첨출내비
평출내비

면 평출내비라고 한다. 첨출내비는 일반적으로 1980년 이전에 생산된 차, 평출내비는 1980년 초반 이후에 생산된 차라고 판단해도 무방하다. 내표의 크기는 두 종류가 있다. 대내표大內票는 15cm x 10.5cm로 가로의 길이가 긴 크기이며, 소내표小內票는 13cm x 10.5cm로 가로 길이가 짧아 소내표라고 한다. 소내표는 1980년 초반 이전에 생산된 차에서 나타나며, 대내표는 1980년 초반 이후에 생산된 차에서 나타난다. 보이차 1건(12통 대바구니) 속에 들어 있는 대표는 세로형 대표와 가로형 대표로 구분해 볼 수 있다. 1984년 이전에는 세로 길이가 긴 세로형 대표이다. 이후에 생산된 차는 가로 길이가 긴 가로형 대표가 들어 있다.

소내표

대내표 비교

대 영문자와 소 영문자

1993년 보이차 포장지의 인쇄 도안이 새롭게 바뀌게 된다. 보이차 포장지에
인쇄된 글자를 살펴보면 운남칠자병차雲南七子餅茶 아래 영문이 인쇄돼 있다.
1993년 이전에 생산된 보이차들은 영문자가 큰 글자로 인쇄됐으며 1993년부
터 작은 영문자 글자로 인쇄돼 있다. 영문자의 글자 크기로 생산시기를 구분
할 수 있다.

1993년 이전에 생산된 대 영문자
1993년 이후에 생산된 소 영문자

1993년 이전에 생산된 소칠판
1993년 이후에 생산된 대칠판

소칠과 대칠

소칠七과 대칠七은 칠七자의 형태가 다름을 뜻하는데 칠七자 아래 변이 옆으로 뻗친 정도에 따라 구분한다. 대칠七은 칠七자의 아래 변이 옆으로 길게 쓰여졌고 소칠七은 짧은 것을 말한다. 1972~1992년까지의 도안은 동일하다. 1993년에는 소칠七과 대칠七 판형이 같이 사용되었으며 1994년 이후 모두 대칠판으로 바뀌게 된다. 소칠판은 1993년 이전에 생산된 보이차로 판단해도 무방하다. 1993년 이후 생산된 보이차에서 소칠판형이 가끔 보이기도 하나 생산 포장 당시 차창에서 전해 남은 포장지를 폐기할 수 없는 상황하에 사용하였다고 판단해볼수 있다.

업業자 판

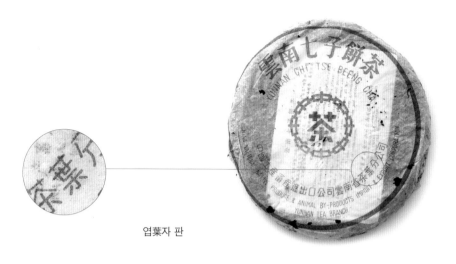

엽葉자 판

엽葉자와 업業자

1993년 포장지 디자인이 새롭게 바뀌게 되며 1994년에는 포장지 디자인 도안에서 또 다시 글자가 바뀌게 된다. 성차사(성공사)의 회사 명칭이 바뀌게 되기 때문이다. 1994년 이전 중국 국영 기업이면서 국영차창에서 생산된 보이차의 수출을 주로 담당했던 중국토산축산진출구공사운남성차엽분공사의 회사 명칭이 중국토산축산진출구공사운남성차업분공사로 변경되면서 된다. 그래서 1994년 이후 성차사(성공사)에서 맹해차창에 주문 생산된 보이차 포장지 하단에는 중국토산축산진출구공사운남성차업분공사中國土産畜産進出口公司雲南省茶業分公司로 인쇄돼 있다. 차엽분공사에서 엽葉자가 업業자로 바뀌어 인쇄된 차를 업자業字 병이라고 한다. 소장한 보이차가 업자로 인쇄된 포장지라면 1994년, 혹은 그 이후에 생산된 차로 구분하면 된다. 1994년 이후에 생산된 보이차는 성공사(성차사)에서 맹해차창에 주문 생산한 차는 업자, 맹해차창에서 직접 유통한 차는 엽자로 인쇄돼 있다.

내비 번체와 간체

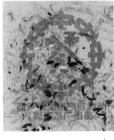

번체 창廠자
간체 창厂자

보이차 병면 속에 반쯤 묻혀있는 작은 종이를 내비라고 한다. 성차사에서 맹해차창에 주문 생산된 차와 맹해차창 자체 제작후 유통한 보이차들의 내비에는 서쌍판납태족자치주西雙版納傣族自治州 맹해차창출품勐海茶廠出品으로 인쇄되어 있다. 이 글자 중 차창의 창이 1997년 이전에는 번체 창廠으로 인쇄하였으며 1997년 이후에는 간체 창厂으로 인쇄되어 생산시기의 구분이 가능하다. 간혹 1997년 이후에 생산된 차에서 번체 창廠으로 인쇄된 내비가 보이기도 한다.

내비에 글자 태족문

태족문 차자 내비

1999~2003년까지 생산된 보이차 중에는 맹해차창출품의 오른쪽 귀퉁이에 작은 태족문 차자가 인쇄되어 있는 내비가 보인다. 이것을 태족문청병, 태문청병이라고 한다. 태족문이 있는 차는 1999년~ 2003년 사이에 생산한 차로 판단하면 된다.

전자표 내비

포장지 중앙 차茶자의 색상이 연한 남색이면서 보이차 병면에 있는 내비 외에 생산 일자가 인쇄된 흰색의 작은 종이가 한 장 더 들어있는 차가 있다. 전자표電子票내비라고 한다. 생산일자가 1993년으로 인쇄된 97년 수남인 7542 종류 중에서 전자표 내비가 들어있는 보이차는 생산 연도에 대한 논란이 있다. 주문을 넣을 때 생산 연도를 정확히 하고자 일자가 인쇄된 종이를 넣어달라는 홍콩 상인의 요구하에 전자표내비가 추가 되었다는 주장도 있으나 이 차는 포장지를 열었던 공통적인 흔적이 있다. 차의 포장지, 병면의 상태로 80년대와 90년대의 차는 충분히 감별이 가능하다. 차창에서 마무리 된 원 포장지 그대로가 아닌 것은 유통과정에서 포장지를 열고 인위적으로 다시 넣은 것으로 판단해야 한다.

일부 97년 수남인 병면 속에
있는 전자표 내비

흑표와 홍표

이무녹대수는 섭병회葉炳懷라는 중국 광동사람이 자체 디자인으로 맹해차창에 주문 생산한 보이차다. 일과수라고 부르기도 한다. 이무녹대수 시리즈 중에서 흑표와 홍표는 포장지의 지질이 비슷하고 디자인이 비슷하여 구분하기가 쉽지 않다. 맹해차창의 전통적인 디자인인 운남칠자병차雲南七子餠茶 대신 이무정산야생차易武正山野生茶를 인쇄하고 중앙에는 팔중도안이 아닌 특급품特級品이라는 글자와 녹색의 차나무를 찍었다. 흑표와 홍표의 배 이상의 가격 차이가 나며 현재 보이차 시장에서 상당히 높은 가격으로 거래되고 있다. 내비 뒷면에 찍힌 도장 색상이 흑색과 홍색으로 흑표와 홍표라고 불리지만 내비의 뒷면은 확인할 수 없지만 포장지의 인쇄에서 구분하는 방법이 있다. 이무정산야생차의 글자가 시작되는 이易자를 기준으로 이易자와 특급품特級品이 일직선에 있으면 홍표, 특급품特級品이 이易자보다 아래쪽에 있으면 흑표다.

이무녹대수 흑표

이무녹대수 홍표

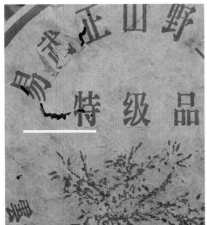

대익패 상표로 포장된 홍대익

대익패 상표

운남칠자병차雲南七子餅茶와 팔중도안 대신 대익 글자로 된 맹해차창 상
표로 생산 유통한 차이다. 맹해차창은 1989년 6월 정식으로 대익패 상표
를 등록하게 된다. 상표 등록 후 실제 생산은 1996년부터 시작했다. 1996
년은 맹해차창의 회사 명칭이 바뀌는 해이기도 하다. 보이차 포장지 도안
은 위에는 운남칠자병차, 중앙에는 대익패 상표, 하단에는 회사명칭인 중
국운남성쌍판납맹해차업유한책임공사中國西雙版納勐海茶業有限責任公司가
인쇄돼 있고, 내비의 인쇄 글자도 서쌍판납태족자치주 맹해차창출품 대
신에 대익패 상표와 서쌍판납맹맹해차업유한책임공사로 인쇄되어 있다.

병면 색상과 발효도의 감별

보이차가 처음 만들어졌을 때의 색상은 녹색이다. 저장환경에 따라 시간이 지날수록 발효가 진행되면서 크게 두 갈래로 나누어진다. 녹색→진녹색→암녹색으로 변하거나 녹색→갈색→진갈색→암갈색으로 변한다. 습기에 노출된 차는 발효 정도와 습기에 노출된 정도에 따라 차이가 나긴 하지만 대체로 윤기가 없는 짙은 어두운 색을 띤다. 때로는 하얀 백상이 뿌옇게 보이기도 한다. 1970년부터 1990년 사이에 생산된 차 중에서 습기에 많이 노출된 차 중에는 가끔 병면 색상이 누렇게 변한 차도 있다. 차의 저장 시 공기 유통이 원활하지 못해 황변黃變46)되었기 때문이다. 습기에 덜노출된 차는 발효 정도에 따라 색상은 다르게 나타나지만 공통적으로 윤기가 없이 검다는 것이다. 병면 색상은 습기에 노출된 정도와 저장 기간에 따라 약간씩 다르다.

차를 우리고 난 후 엽저를 살펴보면 발효 정도에 따라 습기에 노출되지 않은 차의 엽저는 밝은 녹색에서 점점 짙은 갈색이 나타나면서 찻잎은 탄력이 있지만 습기에 노출된 차의 엽저는 짙은 녹색에서 점점 검은 갈색이 나타나면서 찻잎은 탄력이 없고 뻣뻣하다.

맛과 향에서도 동일한 연도의 차일지라도 습기에 노출된 차와 습기에 노출되지 않은 차는 다르게 나타난다. 습기에 노출된 차는 동일한 연도의 차일지라도 발효가 빨리 많이 진행되지만 공통적으로 무거운 맛, 습기냄새, 창고 냄새가 난다. 반대로 습기에 많이 노출되지 않은 차는 발효 정도에 따라 풋향에서 익은 향이 나며 맛은 풋맛이 점점 없어지면서 발효된 맛이 나며 공통적으로 맛이 맑다. 차를 마셔보지 않고 병면 색상으로 발효 정도를 판단하면서 저장 기간을 추정해 볼 수 있으나 병면 색상으로 발효도를 감별하는 것은 100% 정확하지는 않다. 짙은 색상이 난다고 해서 다 발효가 잘 이루어진 것은 아니다. 병면 색상은 하나의 참고 사항으로 활용해야 한다. 보이차의 발효는 환경이 아주 중요하다. 환경에 따라 발효가 될 수도, 아니면 산화발효만 진행될 수 있다. 발효가 진행되기 위해서 여러 조건이 필요하지만 가장 중요한 것은 습도와 온도이다. 보이차 병면 찻잎 색상이 변했다고 발효가 되었다고 볼 수는 없다. 산화발효가 진행된 차 역시도 병면 찻잎 색상은 변하기 때문이다. 차를 우렸을 때 탕색이 약간 붉게 나온다고 해서 발효가 된 것은 아니다. 산화발효가 되어도 탕색은 변할 수 있다. 하지만 미생물에 의한 근본적인 발효가 진행되지 않은 이유로 인해 4~6포 정도를 계속해서 우리게 되면 풋 맛이 점점 강하게 난다.

건창차 바람이 불어온 2000년 이후에 생산된 보이차들은 저장환경에 따라 발효 정도가 극명하게 나누어진다. 건창차가 좋다고 인식되면서 많은 사람이 발효의 조건과는 거리가 있는 실온에 차를 저장했다. 이렇게 저장된 차는 10년 지났다, 20년 지났다 등으로 이야기하지만 실상 저장 기간은 별로 의미가 없다. 보이차를 오랜 시간 저장하는 것은 발효가 목적이기 때문에 발효가 진행되지 않으면 오랜 세월이 흘러도 의미가 없는 것이다.

보이차의 발효는 오랜 시간이 필요하며 환경적 조건이 충족되어야 발효가 진행된다. '보이차가 잘 익었다, 잘 발효가 되었다'고 누구나 공감하려면 적절한 습도와 온도가 있는 곳에 저장해 최소 30년 정도 세월이 지나야 한다.

발효가 제대로 진행되면 신차에서 나오는 풋 향과 풋 맛이 없어지고, 발효되면서 독특하게 생성되는 익은 향, 몽글몽글하면서 편안한 익은 맛으로 변한다. '보이차는 습기에 노출되었다고 해서 무조건 나쁘다, 습기에 노출되지 않아 차가 깨끗하다고 해서 무조건 좋다'고 하는 이분법적 접근은 맞지 않다. 각각의 차들은 서로 다른 특징이 있으므로 특징과 기호에 따라 선택하는 것이 바람직하다.

1950년대 습기에 노출된 보이차의 병면   1970년대 습기에 노출된 보이차의 병면

습기에 노출된 차는 병면 색상이 어두우면서 검은 색이 나며 백상이
있거나 매변흔적이 있으며 생산시기가 오래 될 수록 짙은 색이 난다

1980년대 습기에 노출된 보이차의 병면 　　　　　　1990년대 습기에 노출된 보이차의 병면

1990년대 습기에 노출되지 않은 보이차의 병면 1980년대 습기에 노출되지 않은 보이차의 병면
1970년대 습기에 노출되지 않은 보이차의 병면 1950년대 습기에 노출되지 않은 보이차의 병면

습기에 노출되지 않은 차는 밝은 윤택이 난다. 생산시기가 오래 될 수록 짙은색이 난다.

호급 보이차는 1900~1956년 이전에 개인차장에서 생산된 보이차이며, 차 이름 뒤에 호號자로 끝나는 차를 말한다. 대표적인 차로는 진운호, 송빙호, 복원창호, 동흥호, 동창호, 강성호, 경창호 등이 있다. 1949년 중화인민공화국 건국 이후 운남성에서 개인들이 생산하고 있던 차장들이 더는 보이차 생산과 유통을 할 수 없게 된다. 그러나 보이차의 지속적인 공급이 필요했던 홍콩 차상들에 의해 몇 종류 호급 보이차가 만들어진다. 대표적인 차로는 사보공다, 맹경원차, 1920년대의 건리정 · 송빙호乾利貞 · 宋聘號를 모방한 건리정 · 송빙호 · 백지乾利貞宋聘號 · 白紙 등이다. 골동보이차의 대표격인 1920년대 건리정 · 송빙호는 현재 가장 모방품이 많은 차다. 송빙호 내비를 넣어 1960~2000년까지 계속해서 생산되었으며 1950년대에 만들어진 송빙호 백지는 운남성 찻잎이 아닌 변방 찻잎으로 만들어졌다. 1960~1980년 사이 만들어진 송빙호 대부분은 변방 지역의 모차를 가져와 홍콩 현지에서 발효시켜 긴압한 차들로 소금에서 느껴지는 짠맛이 나는 것이 특징이다. 긴압된 병면의 찻잎들은 균일하지 못하며 뭉그러져 있으며 색상은 짙고 어둡다. 1960~1980년 사이 만들어진 대표적인 모방품 호급 보이차는 동경호, 경창호, 동흥호 등이 있다. 모방품 호급 보이차들 대부분은 비슷한 제다법으로 만들었기에 형태와 맛이 비슷한 특징이 있다. 1990년 이후 개인들에 의해 보이차 생산이 자유로워지고 국가 운영 차창들이 민영화되면서 생겨난 중소차창들에서 만들어진 호급 보이차 모방품 역시도 생모차로 긴압하지만 운남성 찻잎이 아닌 대부분 변방 찻잎으로 만들었다. 일부 운남성 찻잎으로 만든 차들도 있기는 하나 진품 호급 보이차와는 차이가 크게 난다.

호급 보이차 감별은 두 가지 측면으로 접근해야 한다. 첫째 진위를 판단해야 한다, 둘째 진품일지라도 차 상태에 따른 품질 편차에 따라 상품성의 가치를 판단해야 한다. 호급 보이차를 감별하는 방법으로 크게 다섯 가지 특징에 따라 접근해볼 수 있다.

첫째, 손으로 들었을 때 느껴지는 무게감이다. 실제 무게를 저울에 달아보면 비슷한 무게지만 진품 호급 보이차는 가볍게 느껴지고, 모방품 호급 보이차들은 묵직한 느낌이 든다. 둘째, 병면 색상의 차이다. 생모차를 긴압한 진품 호급 보이차는 오랜 세월이 지나 자연스러운 짙은 군청색이나 짙은 갈색이 난다. 그와 달리 모방품 호급 보이차들은 흑갈색으로 색이 짙으며 전체적으로 윤기가 없는 어두운 색이 난다.
셋째, 긴압된 병면 찻잎의 특징이다. 진품 호급 보이차의 병면은 찻잎이 뚜렷하고 균일하며 튼실하고 줄기가 많고 찻잎이 크다. 하지만 모방품 호급 보이차들은 발효를 시킨 모차로 긴압해 병면 찻잎 형태가 뚜렷하지 못하며 뭉개져 있고 줄기가 없다.
넷째, 병면에서 올라오는 향의 차이이다. 병면의 냄새를 맡아보면 진품 호급 보이차들은 오랜 세월이 지난 묵은 향이 올라 온다. 하지만 모방품 호급 보이차들은 묵은 향이 아닌 풋향, 퇴적 발효된 향, 악퇴 발효된 향 등이 올라온다.
다섯째, 차를 우리게 되면 진품 호급 보이차들은 잘 발효된 장향과, 약장향이 올라온다. 하지만 모방품 호급 보이차들은 아직 덜 발효된 향이 난다. 차를 자사호에 가득 넣고 진하게 우릴때 구별이 쉽다. 맛과 우려낸 엽저에서 진품 호급 보이차와 모방품 호급 보이차들은 확연한 차이가 난다. 진품 호급 보이차들은 떫은 맛과 쓴맛이 풍부하고, 목젖에 자극을 주지 않으면서 몽글몽글하며 매끄러워 목 넘김 또한 편안하다. 하지만 모방품 보이차들을 진하게 우려 마시게 되면 목 넘김이 불편하고 자극적이다. 우려낸 엽저에서도 진품 호급 보이차 엽저는 튼실하면서 짙은 갈색을 띄지만 모방품 호급 보이차는 엽저가 뚜렷하지 못하며 뭉개져 있거나 암흑색이 나타난다. 1960~2000년까지 꾸준히 생산된 모방품 호급 보이차들의 생산시기도 감별해 보아야 한다. 모방품 호급 보이차일지라도 생산시기에 따라 가격 형성이 다르기 때문이다.

1920년대 진품 복원창
1990년대 모방품 복원창

진품은 찻잎의 형태가 뚜렷하고 윤택이 난다.
모방품은 찻잎의 형태가 뚜렷하지 않으며
내비 지질은 두껍다.

1920년대 진품 동흥호
1970년대 모방품 동흥호

모방품 호급 보이차를 유통하면서 이런 표현을 한다. '어떤 호급 보이차를 전승했다' 또는 '후기 어떤 호급 보이차다' 하지만 이런 표현은 맞지 않다. 이 시기 생산된 모방품 보이차들은 기존 호급 보이차와 전혀 별개의 차茶일 뿐이다. 고증을 거쳐 진품 호급 보이차와 동일한 산지의 모차로 긴압하고, 저장환경 역시 그대로 재현된 차는 찾아볼 수 없기 때문이다. 찻잎의 산지, 제다방법, 저장환경이 다르니 향과 맛도 당연히 다른 별개의 보이차일 뿐이다. 진품 호급 보이차를 모방한 보이차들은 시간이 오래되었을지라도 거래 가격이 낮고, 거래 역시 잘 이루어지지 않는다. 모방품 호급 보이차를 소장하고 있으면서 마치 진품 호급 보이차를 소장하고 있는 것처럼 잘 못 알고 있는 소장가들도 많다.

1930년대 진품 하내원차

1990년대 모방품 하내원차

인급 보이차의 감별

인급 보이차는 1950~1970년 사이에 국영 차창에서 생산된 차이며 차 이름 뒤에 인印 자로 끝나는 차를 말한다. 대표적인 차로는 홍인, 람인, 홍인철병, 람인철병, 무지홍인, 황인원차 등이 있다. 인급 보이차의 대표적인 차들은 대부분 1950년대 생산된 차들이다. 1960년대는 중국의 혼란스러운 국내 상황이 차 생산에도 영향을 미쳐 생산된 차 종류가 많지 않다. 1970년 이후에는 차나무 품종이 야생 교목형에서 재배 관목형으로 바뀌면서 원료가 달라진다. 차를 만드는 제다법도 기계화가 도입되면서 기존 인급 보이차가 만들어지는 방법과는 차이가 생기게 된다. 그런 점에서 진품 인급차는 1950년 이후 단절된 것으로 봐도 틀리지 않다. 1990년 이후 만들어진 홍인은 포장지의 인쇄 색상과 도안만 유사할 뿐 1950년대 홍인과 종이 지질

모방품 홍인은 종이 지질과 산화정도, 붉은색 인주의 색상차이, 뒷면 마무리 접는 방식 등으로 구분 할 수 있다

1990년대 모방품 홍인

도 확연히 차이가 나며 원료도 제다법도 다르다. 1990년 전까지는 차 생산과 유통을 국가에서 관리하던 시기로 모방품을 생산할 수가 없었다. 국가 운영 차창들이 민영화 되기 시작한 1990년 이후 홍콩 상인들의 주문으로 모방품 보이차들이 생산되기 시작한다. 모방품이라 하여 꼭 품질이 떨어지거나 마시지 못하는 차는 아니다. 다만 1950년대에 만들어진 진품이 아닐 뿐이지 모방품 중에도 가격이 적절하면서 품질이 뛰어난 차들도 많다. 진품 인급 보이차들은 현재 골동보이차 시장에서 보편적으로 5천에서 2억 사이의 높은 가격이 형성되면서 거래가 이루어지고 있어 진품과 모방품의 감별의 필요성이 절실해졌다. 진품 인급 보이차와 모방품 인급 보이차를 감별하는 방법은 크게 여섯가지 특징으로 접근해 볼 수 있다.

1950년대 진품 남인   1990년대 모방품 남인

첫째, 손으로 들었을 때 느껴지는 무게감이다. 진품 인급 보이차 대부분은 이미 70년이란 세월 속에서 자연스럽게 수분이 증발하여 동일한 무게지만 가볍게 느껴진다.

둘째, 포장지 지질이다. 인급 보이차가 생산되던 시기에는 수공 면지거나 섬유지다. 또한 세월 속에서 자연스럽게 종이가 산화되어 모방품의 포장지와는 산화 정도에서 차이가 난다.

셋째, 인쇄 안료의 차이이다. 진품 인급 보이차들은 천연 안료를 사용하여 1990년 이후 화학 안료를 사용하여 인쇄된 글자 색상과는 차이가 난다.

넷째, 병면 색상과 찻잎의 원료에서 차이가 난다. 자연스럽게 발효가 이루어진 차들은 짙은 갈색이나 짙은 군청색이 난다. 모방품 인급 보이차들은 색상이 검거나 아직 덜 발효된 녹색이 남아 있다. 진품 인급 보이차들은 찻잎이 균일하면서 튼실한 줄기가 많이 들어 있고 찻잎이 크다. 모방품 인급 보이차들은 줄기가 없이 찻잎만으로 병배되어 있고 찻잎이 작다.

다섯째, 병면에서 올라오는 향에서 차이가 난다. 병면을 냄새를 맡아보면 진품 인급 보이차들은 오랜 세월이 지난 묵은 향이 올라온다. 모방 인급 보이차들은 묵은 향이 아닌 덜 발효된 풋향이 올라온다.

여섯째, 차를 우리면 진품 인급 보이차들은 떫은 맛과 쓴맛이 어우러져 잘 발효된 쌉쌀한 향인 장향, 약장향이 올라온다. 모방품 인급 보이차들은 아직 덜 발효된 풋향이 난다. 차를 자사호에 절반 정도 넣어 진하게 우리게 되면 구별이 쉽다. 진품 인급 보이차들은 떫은 맛과 쓴맛이 풍부하지만, 목젖에 자극 주지 않으면서 몽글몽글하며 매끄럽게 목 넘김이 편안하고 단침이 많이 생성된다. 모방품 인급 보이차들을 진하게 우리면 떫은 맛과 쓴맛이 아직 덜 발효되어 자극적이다. 엽저에서도 모방품 인급 보이차는 녹색이 남아 있으나 진품 인급 보이차는 짙은 갈색이 나며 찻잎이 튼실하면서 살아있다.

진품 람인철병

모방품 람인철병

근래 SNS에서 종종 보는 내용이다. 포장지가 비슷한 모방품 인급 보이차를 마시면서 사진을 찍고 글을 쓴다. 진품 홍인과 모방품 홍인은 포장지가 유사해 구별이 쉽지 않다. 홍인을 마시면서 년도가 빠져버리면 50년대 진품인지 90년대 모방품인지 판단하기가 쉽지 않아 많은 사람들이 진품을 마신 것으로 생각하기도 한다. 상인이나 차를 즐기는 사람들이 진품 가품을 알고 알맞는 가격에 맛과 품질로만 접근하는 것이 지혜로운 차생활이 될 것이다.

광운공병은 광동성차엽진출구공사廣東省茶葉進出口公司에서 만든 보이
차다. 1970년 이전 광동성차엽진출구공사는 보이차의 생산과 수출을 담당
하고 홍콩 소비자 입맛에 맞는 보이차를 시도하게 된다. 광운공병은 조수
발효를 통해 떫은 맛과 쓴맛을 감소시켜 마시기 편하게 만든 차다. 1958년
홍콩에서 조수발효의 실험 생산 이후 1970년 중반 이전까지는 운남성 찻
잎을 광동성으로 가져와 만들지만, 이후에는 광동성의 찻잎으로 만들게 된
다. 현재 운남성에서 공표한 보이차 정의로 접근한다면 광운공병은 보이차
의 정의에 해당하지 않는다. 하지만 노老 보이차가 한참 유통되던 시기 광
운공병을 좋아하는 마니아가 많았으며 유통 수량도 풍부해 널리 알려진 보
이차이다. 광운광병은 1958~1990년대까지 오랜 세월 생산되었지만 생산
시기에 따라 원료와 내비 글자의 특징에서 차이가 나기 때문에 어느 정도
구분할 수가 있다. 광운공병의 내비는 여덟 개의 중中자와 가운데 차茶자
로 도안된 팔중 내비이다. 1980년 후반 이후에는 사각내비에서 원형내비로
바뀌게 된다. 광운廣雲은 운남성 찻잎으로 광동성에서 긴압하였다는 의미
이며 공병貢餅은 나라에 진상할 정도의 좋은 차라는 의미를 지니고 있지만
광운공병에서 공병은 스토리텔링으로 단순하게 이해해야 한다.

노老 보이차 품차와 감별　　THE 4TH CHAPTER　　1958년에 생산된 광운공병 병면

1958년 광운공병

최초의 광운공병은 1958년 홍콩에서 조수발효 실험을 통해 만들어 진다. 1950년대 보이차의 주 소비처인 홍콩에서는 발효된 보이차를 선호하게 되면서 모차에 물을 뿌려 발효시키는 방법이 시도되게 된다. 실험 생산이다 보니 좋은 등급의 원료를 사용한 것이 아니라 노엽老葉인 황편이 섞인 하급 원료로 만들게 된다. 노엽(황편)이 많아 향과 맛에서 천량차와 결이 비슷한 특징이 있다. 병면은 1960년대 이후 만들어진 광운공병보다 크기가 크다. 우려 마시게 되면 회감에서 단침이 약하고, 신맛이 나며 떫은 맛과 쓴맛이 조화롭지 못해 여운이 약하다. 이 시기에 제작된 인급 보이차와 비교해 맛의 품격이 많이 떨어져 시장에서 선호도와 인기가 없어 낮은 가격이 형성되고 있다. 병면이 크고 늙은 찻잎인 노엽(황편)으로 긴압되어져 있어서 1960년 이후에 생산된 광운공병과는 쉽게 구별이 된다. 내비는 중中자 글자의 굵기가 1960년대 이후에 만들어진 차에 비해 가늘고 차茶자 글자의 특징에서 초두변++(艸) 아래 인人자의 끝이 살짝 휘어진 것이 특징이다.

1960년대 광운공병

1960년대 생산된 광운공병은 운남성 모차를 광동성으로 가져와 광동차엽진출구공사에서 만든 보이차이다. 1960년대 생산된 광운공병은 1960년 중반 이전에 생산된 차들이 대부분이다. 이 시기에 만들어진 차의 특징은 운남성에서 생산된 모차로 찻잎이 크고 튼실하며 병면 색상은 밝다. 제다법에서도 생모차로 긴압했을때와 비슷한 느낌이 난다. 약하게 조수발효를 시켰기 때문이다.

병면 찻잎은 뚜렷하며 튼실하고 줄기가 많다. 병면 색상은 짙은 군청색이나 짙은 갈색이다. 줄기는 단조로운 맛을 풍부하게 해주는 역할을 하며 뒷맛이 시원하면서 달다.

병면 색상은 습기에 많이 노출되지 않은 차는 윤기가 나며 밝은 편이다. 반대로 습기에 노출된 차는 백상이 보이거나 색상이 검고 짙다. 향과 맛은 운남성에서 생산된 모차로 긴압한 차와 비슷하게 나타난다. 오랜 세월 잘 발효된 약장향이 나며 맛은 떫은 맛과 쓴맛이 뚜렷하지 않지만 쌉쌀함이 어느 정도는 있다. 단침 역시 약하지만 올라온다. 1960년대 만들어진 광운공병의 특징에는 병면 색상과 내비 글자의 차이가 있다. 내비의 글자 인쇄 특징은 1958년에 만들어진 광운공병의 내비 글자에 비해 1960년대 초반부터 만들어진 차의 내비 글자가 굵어지며 전체적인 병면 색상은 밝고 윤기가 있다. 병면은 가운데 부분이 불룩하니 배가 부르며 전체적으로 오뚝한 느낌이다. 긴압시 가장자리 끝의 눌림 자리에서 솟아 올라오지 않고 평평하다. 하지만 1960년대에 만들어진 모든 광운공병이 특징이 이렇다는 것은 아니다. 간혹 예외적인 경우가 있기 때문이다. 광운공병은 동일한 시기 맹해차창에서 만들어진 보이차보다 상대적으로 가격이 낮다. 가격이 낮게 형성되는 이유는 크게 네 가지 차이점이 있기 때문이다.

첫째, 생모차 긴압이 아닌 조수 발효시킨 모차로 긴압했기 때문이다.

둘째, 운남성에서 생산된 모차로 긴압하였지만 운남성의 국영차창의 생산품이 아니기 때문이다.

셋째, 맛이 뚜렷하지 못하다. 조수발효를 거친 차의 특징인 떫은 맛과 쓴맛이 뚜렷하지 못하기 때문이다.

넷째, 회감이 약하기 때문이다. 조수발효를 통해 떫은 맛과 쓴맛이 분해되어 차를 마신 후 올라오는 단침이 약하기 때문이다.

1970년대 광운공병

1970년대 만들어진 광운공병은 중반 이전에 만들어진 차와 중반 이후에 만들어진 차로 구분해 볼 수가 있다. 1970년대 중반 이전에 만들어진 광운공병은 운남성의 모차를 광동성으로 가져와 광동성차엽진출구공사에서 만들었다. 그래서 1970년 중반 이전에 만들어진 광운공병은 병면 찻잎이나 색상에서 1960년대 만들어진 광운공병과 큰 차이는 없다. 다만 찻잎의 형태가 1960년대 중반 이전에 만들어진 광운공병에 비해 탄력이 없다. 병면 색상은 진갈색이나 암갈색이다.

하지만 1970년대 중반 이후에 만들어진 광운공병은 원료가 운남성 찻잎이 아닌 광동성 찻잎으로 만들었다. 광동성 찻잎으로 강하게 조수발효 시켜 전체적으로 병면 색상이 검은색이며, 찻잎의 형태도 뚜렷하지 못해 좋은 원료로 긴압하지 않았다는 것을 알 수 있다. 1970년 중반 이후 만들어진 광운공병의 병면 특징은 줄기가 많지 않고 찻잎으로만 병배되어져 있고, 운남성 찻잎을 사용하지 않아 광운공병이 아니라 광동병(廣東餠)으로 불러야 맞다.

1970년대 중반 이전에 만들어진 광운공병은 내비의 인쇄 특징에서 1960년대 만들어진 광운공병과 큰 차이점은 없다. 다만 1970년대 만들어진 광운공병은 긴압시 가장자리 끝부분이 밀려 나와 있는 특징이 있다. 하지만 1970년대 중반 이전에 생산된 모든 광운공병이 이런 특징을 지닌 것은 아니다. 보이차는 언제든 예외적인 경우가 있기 마련이다. 향과 맛은 운남성 찻잎을 사용하였지만 떫은 맛과 쓴맛이 뚜렷하지 않다. 약장향과 쌉쌀한 맛이 약하게 느껴진다. 습기에 노출된 정도에 따라 콘크리트 시멘트 냄새

1970년대 후반에 생산된 광운공병 병면.　　　　1970년대 초반에 생산된 광운공병 병면

와 유사한 먼지 냄새가 올라오는 차도 있다. 1970년대 중반 이후에 만들어진 광운공병 내비의 인쇄 특징은 글자의 굵기가 가늘어진다. 원료가 광동성 찻잎으로 쌉쌀한 장향 보다는 먼지 냄새가 나며 쓰고 떫은 맛이 약하다. 1960년대 광운공병과 1970년 이후 만들어진 광운공병의 큰 차이점은 모차의 발효정도에 있다. 조수발효과정이 길수록 떫은 맛과 쓴맛이 점점 약해지며 약장향에서 먼지 냄새가 나는 것이 특징이다. 1960년대 차보다 단침이 약하게 올라온다.

1980년대 광운공병

1980년대 만들어진 광운공병은 초반, 중반, 후반에 생산된 차로 구분해 볼 수가 있다. 1980년 초반에 생산된 광운공병은 내비 글자의 인쇄 특징이나 제다방법에서 1970년 중반 이후에 만들어진 차와 특징에서 큰 차이점이 없다.

하지만 1980년대 중반 이후에 만들어진 차는 내비 형태가 사각형에서 원형으로 바뀌게 되며 내비의 팔중도안에서 중中자가 서로 연결되는 특징이 있다. 1980년대 후반에 만들어진 차의 내비 팔중도안은 중中자가 서로 떨어져 있다. 글자의 크기도 약간 가늘어진다. 모차 원료는 광동성에서 생산된 중엽종 찻잎으로 조수발효를 강하게 진행시켜 긴압했으며 병면 색상은 검다. 찻잎은 균일하지 못하며 거칠고 찻잎이 작고 줄기가 많지 않지만 간혹 있는 줄기는 딱딱하다. 쓴맛보다는 떫은 맛이 두드러지며 고급스럽지 못하며 혓바닥에 오랫동안 남아 있다. 단침은 약하며 신맛이 두드러진다. 콘크리트 바닥에서 올라오는 먼지 냄새가 강하게 난다.

1980년대 중반에 생산된 광운공병 병면

1990년대 광운공병

1990년대 만들어진 광운공병은 초반과 중후반에 생산된 차로 구분해 볼 수 있다. 1990년대 초반에 만들어진 광운공병은 제다방법이나 내비 글자 인쇄 특징이 1980년대 후반에 만들어진 광운공병과 동일하다. 내비의 형태가 원형이며 팔중도안에서 중中자가 연결되지 않고 떨어져 있다. 1990년 중후반에 만들어진 광운공병의 내비 팔중도안에서는 중中자가 다시 서로 연결된 특징이 있다. 모차 원료는 광동성에서 생산된 중엽종 찻잎으로 조수발효를 진행시켜 긴압하였으며 병면 색상은 검다. 운남성에서 생모차로 긴압한 차와 비교해 품질은 좋지 않은 편이다. 1990년대 중반 이후에 만들어진 광운공병 중에서는 포장지가 있는 차도 있다. 포장지 글자는 중국 광동성차엽토산진출구공사中國廣東省茶葉土産進出口公司로 표기돼 있다.

1980년대 후반에 생산된 광운공병 병면
1990년대 중반 이후 생산된 광운공병

노老
보이차
품차와
감별

品
茶
與
鑒
定

1990년대 이전에 생산된 노老
보이차는 생산시기의 구분이
중요하지만 개혁개방 정책으로
개인 차창들이 생겨나고 보이차
시장이 확대되기 시작한 1990년대
이후에는 맹해차창에서 생산된
정창차와 중소차창에서 생산된
모방품 차를 감별하는 것이 중요하다.
중소차창에서 생산된 보이차가
맹해차창의 포장지와 내비의 디자인을
그대로 사용하면서 감별이 쉽지 않아
혼란을 가중시키고 있기 때문이다.
맹해차창 정창차와 중소차창 모방품을
구분해야 하는 이유는 시장에서
형성되는 가격의 차이에 있다.

맹해차창과
중소차창
감별

맹해차창 보이차의 특징

다른 차창에서 생산된 차들보다 유독 맹해차창의 보이차가 독보적인 가치를 지니는 이유가 있다. 좋은 원료와 제대로된 제다기법으로 만들어져 오랜 세월이 흘러 그 맛이 품격 있게 유지되기 때문이다. 좋은 원료를 이용하여 제다에서 유념을 강하게 한 차는 풍부한 맛이 난다. 노老 보이차 마니아들은 오랜 세월을 통해 발효가 이루어져 농익은 깊고 풍부한 맛이 있고, 오미五味가 뚜렷한 차를 농도를 진하게 하여 농차濃茶47)로 즐겨 마신다. 잘 발효된 보이차는 몸이 편안해지고 따뜻해지며 차를 마시고 난 후 올라오는 단침은 어떤 차에서도 느낄 수 없는 깊은 감동과 여운을 준다. 좋은 원료의 수급, 상규성常規性48)이 지속되는 제다과정, 적당한 온·습도에서의 저장 환경 등은 발효된 보이차 즉, 노老 보이차가 되기 위한 가장 기본적 요소다. 한정된 수량과 마셔서 없어지는 희소성으로 그 소장 가치 역시 극대화된다. 1970~2000년까지 맹해차창에서 생산된 보이차는 종류에 따라 각각 독특한 향과 맛이 있다. 노老 보이차 시장에서 맹해차창의 차가 다른 차창에서 만든 차보다 더 각광을 받는 이유가 무엇인지 아래와 같이 정리해 보았다.

첫째, 우수한 찻잎을 채취할 수 있는 지역의 좋은 원료의 확보이다. 맹해 차창에는 파달巴達, 남나南糯, 포랑布朗, 반장班章 등 지역에 다원이 있다.

둘째, 제다과정과 병배 기술에서 오는 독특한 맛이다. 좋은 원료와 병배 기술은 쓰고 떫은 맛이 조화롭게 나타난다.

셋째, 제다과정에서 강하게 유념을 한다는 점이다. 강한 유념은 찻잎의 세포막을 파괴해 차를 우리게 되면 풍부한 맛이 침출될 수 있게 한다. 풍부한 맛은 발효가 되기 전에는 강하고 자극적일 수 있으나 발효가 되고 난 후에는 오미가 뚜렷한 맛으로 나타난다.

넷째. 제다법의 표준화로 상규성이 지속되어 보이차 종류에 따른 맛의 일관성이 유지된다. 맹해차창에서 생산된 7532, 7542, 8582는 생산시기와 상관없이 발효 정도의 차이만 날 뿐 맛의 결은 일정하다.

네가지 기초 조건을 갖추고 제대로 진행된 차는 진향陳香[49], 진미陳味[50]를 갖춘 진정한 노老 보이차로 탄생하는 것이다. 같은 시기에 생산한 국영 차창들인 하관차창에서 만든 철병鐵餠, 곤명차창에서 만든 전차나 철병 등이 맹해차창의 보이차보다 낮은 가격에 거래되고 있는 것은 위의 네가지 조건에 충족되지 못하기 때문이다. 보이차는 세월이 오래되었다고 무조건 가격이 비싼 것이 아니다. 가격 형성은 결국 마니아들이 선호하는 맛과 소장가치로 귀결된다.

노老 보이차나 골동보이차에서 높은 가격이 형성될 수 있는 조건은 다음과 같다.

첫째, 잘 발효되어야 한다.

둘째, 생차에서 나오는 쓰고 떫은 맛이 뚜렷하게 나타나야 한다.

셋째, 바디감이 풍부하고 중후한 맛이 나야 한다.

넷째, 조화로운 맛을 갖추어야 한다. 특정한 맛에 치우치지 않는 조화로운 맛은 원료, 제다, 발효 등의 모든 과정이 두루 갖추어진 차들만이 갖는 특징이기 때문이다.

하관차창 철병을 예를 들면 혓바닥에 한층 깔리는 것처럼 떫은 맛이 매우 강하다. 또한 회감에서 단침이 약하게 생성된다. 이런 맛으로 인해 지금까지 노老 보이차 시장에서 맹해차창 보이차와 비교해 높은 가격이 형성되지 않고 있으며 앞으로도 가격 상승에도 한계가 있다. 숙차 역시 마찬가지다. 오랜 세월이 흘러 편안하고 부드러운 맛과 독특한 향은 있지만 쓰고 떫은 맛이 약해 단조로운 맛, 차를 마시고 난 후 미미한 회감으로 인해 잘 발효된 생차에 비해 가격은 낮고 찾는 사람도 별로 없다.

맹해차창에서 생산된 보이차와 중소차창에서 생산된 보이차는 같은 연도일지라도 가격이 2~4배 차이가 날 뿐만 아니라 시장에서 선호도 또한 현저한 차이가 난다. 미래 시장을 예측하자면 가격의 편차는 더욱 확대될 것이다. 1990년대 이후 개혁개방을 통해 사유 재산을 인정하면서 중국의 내수시장과 수출시장이 확대되기 시작하던 시기에 다양한 중소차창들이 생겨나기 시작했다. 상표권이 중요하지 않았던 시기, 중소차창들은 국영차창 중에서도 특히 맹해차창에서 생산된 보이차와 비슷한 포장지 지질과 동일한 문구의 도안, 인쇄색상, 병면 병배방식과 내비에 인쇄된 동일한 글자나 지질, 마무리 포장 방식까지 유사하게 차를 만들었다.

당시에 생산된 중소차창의 보이차들은 엄밀하게 포장지 지질, 인쇄 색상이나 특징, 내비의 지질 등에서 차이가 나지만 전문지식이 없다면 구분하기 쉽지 않다.

이렇게 생산된 중소차창의 보이차 중에서 내비에 서쌍판납태족자치주 맹해차창출품으로 인쇄된 차를 맹해차창에서 생산된 정창 보이차로 오해하고 있는 소비자가 절대 다수다. 글자가 같은 차들이 유통 시장에서 정창차로 둔갑해 현재 시장의 혼란과 불신을 초래하기도 한다. 2000년 이후 맹해차창에서 생산된 보이차 가격이 폭등한 이후 시장에서는 맹해차창 정창차로 둔갑한 차들이 수없이 유통되고 있다. 그런 이유로 인해 맹해차창에서 생산된 정창 보이차와 중소차창과 개인차창 차에서 생산된 차에 대한 전문적인 감별이 필요하다.

급등한 정품차의 가격의 차이가 아니라면 중소차창에서 생산된 보이차라고 해서 품질이 현저히 떨어지거나 마실 수 없는 차는 아니다. 중소차창에서 만든 차 중에서 합리적인 가격에 품질이 뛰어나고 맛과 향이 좋은 차들도 상당히 많다. 좋은 원료와 좋은 제다방법, 보이차의 좋은 맛이 어떤 것인지 알고 저장과 발효에 대한 적당한 지식을 갖춘다면 스스로의 안목으로 충분히 좋은 차를 찾을 수 있다.

7542와 비슷한 찻잎과 병배로 만든 중소차창에서 만들어진 차도 7542라고 부른다. 7542의 마지막 숫자 2는 맹해차창을 뜻하지만 중소차창에서 만든 7542와 유사한 찻잎 크기의 차 역시 7542로 불린다. 실제로 도매시장이나 상인들 사이에서는 정품과는 구분되게 7542 배방, 8582 배방이라고 통하지만 소매나 개인 사이에는 정확한 인식이 부족한 듯 하다. 맹해차창 정창차와 가격의 차이로 중소차창 모방품의 명칭은 정리가 시급한 부분이다.

포장지의 감별

맹해차창에서 사용한 포장지는 시기에 따라 조금씩 다른 지질의 종이를 사용했다. 지질은 다를 수 있지만 1990년 초반 이전에는 대체로 느낌이 좋은 수공 면지를 사용하였으며 두껍고 뻣뻣한 종이는 사용하지 않았다. 1990년대 초반 이후에는 대부분 얇은 망문지網紋紙를 사용했다. 맹해차창에서 사용된 망문지와 중소차창에서 사용된 망문지는 지질의 느낌만으로도 얼마든지 맹해차창 진품 정창차인지 아닌지 구분할 수 있다. 반드시 전제되어야 할 조건은 뒷면 포장지를 열어 보지 않은 차에 한해서다. 포장지 뒤를 열어 보지 않았다는 것은 생산된 후 내용물이 바뀌지 않았다는 것을 뜻한다. 똑같은 차 일지라도 골동보이차 경매 시장에서 높은 가격을 받기 위해서는 뒷면을 열어 보지 않은 차라야 한다. 인위적으로 생산시기를 끌어 올리지 않았다면 1990년 이전에 만들어진 보이차는 앞장에서도 언급하였지만 맹해차창에서 만든 차일 수밖에 없다. 이유는 생산과 유통을 국가에서 통제하다 보니 중소차창에서는 차를 만들지 않았기 때문이다. 하지만 1990년 이후 중소차창들이 생겨나면서 맹해차창 생산 보이차들을 모방한 차들이 등장하면서 포장지로 감별하는 방법이 중요하게 되었다.

중소차창에서는 맹해차창에서 사용한 얇은 망문지와 달리 비교적 두꺼운 포장지를 사용했다. 드물게는 맹해차창에서 사용한 망문지와 비슷한 망문지를 사용해 만든 보이차들도 있다. 1990년대 중소차창에서 사용한 격문면지는 1980년대 맹해차창에서 사용한 격문면지와는 다르다. 그 밖에도 맹해창에서 사용된 인쇄 색상과 중소차창에서 사용한 인쇄 색상은 약간의 차이가 있다.

맹해차창에서 1990년대 사용한
포장지 종류들

92년 소칠 7542. 93년 대칠 8582.
94년 업자 7542.
96년 등중등 7532. 97년 수남인 7542

맹해차창에서 1990년 이전에 사용한 색상은 천연 안료를 사용 인쇄해 붉은 색의 느낌의 주사홍 색상이 난다. 1990년 이후 화학 안료로 대체 되면서 색상이 약간 달라지긴 하나 맹해 차창에서 사용한 안료는 균일성이 있다. 중앙의 차茶자 색상에도 짙은 녹색, 연녹색, 물 빠진 아주 연한 녹색이 주로 사용되었다. 또한 중앙에 차茶자 위치가 전부 다르다. 다른 글자는 인쇄하였으나 차茶자는 수공으로 찍었기 때문에 매 편마다 위치가 다를 수밖에 없었다. 중소차창의 포장지에서도 수공으로 차茶자를 찍은 위치가 다른것이 드물게 있긴 하나 대부분은 팔중도안을 한번에 인쇄하여 위치가 같다.

병면의 감별

맹해차창에서 1970~2004년까지 생산된 대부분의 보이차는 병배차다. 1990년대 중·후반에 일부 주문 생산된 차 중에는 교목 병배차가 있기도 하다. 대량 채엽된 찻잎을 선별기로 크기와 무게로 구분하여 찻잎의 등급을 나누었다. 같은 산지 혹은 한 가지 등급의 찻잎으로 만든 차는 맛이 단조롭다. 이런 단점을 보완하고 맛을 풍부하게 내기 위해 여러 산지와 여러 등급의 찻잎을 일정한 비율로 섞어 만드는 것을 병배 보이차라고 한다. 맹해차창의 병배 방법 중 가장 큰 특징은 병면 앞면에는 황금색이 나는 어린 찻잎을 살면撒面[51]했다. 7532 계열, 7542 계열, 8582 계열 모두 동일하다. 맹해차창에서 생산된 보이차는 앞면 찻잎이 작고 뒷면 찻잎을 커서 앞면과 뒷면의 찻잎 크기가 다른 것이 특징이다. 하지만 중소차창에서 만든 보이차들은 앞면과 뒷면 찻잎의 크기가 비슷하여 찻잎 크기의 특징, 즉

중소차창에서 1990년대 사용한 포장지 종류들

90년대 초중반 포장지. 90년대 초중반 포장지.
90년대 중후반 포장지. 90년대 후반 포장지.
90년대 후반 포장지.

병배 특징으로도 감별할 수 있다. 드물게 중소차창에서 만들어진 차 중에서 맹해차창에서 만든 차와 유사하게 앞면과 뒷면의 찻잎 크기를 달리하여 구분이 쉽지 않은 차도 간혹 있다.

호급 보이차, 인급 보이차는 야생 찻잎을 사용하여 튼실한 줄기가 병면에 섞여 있다. 1970년대 이후 재배 찻잎을 사용하면서 선별기에서 찻잎 등급이 나누어진 차들은 줄기가 없이 만들어진 특징이 있다. 이러한 특징으로 쉽게 호급 보이차, 인급 보이차와, 숫자급 보이차의 감별이 가능하다.

맹해차창 정창차는 차의 종류와 상관없이 앞면은 어린 아엽이 고르게 살면되어 있고 뒷면은 찻잎이 큰 특징이 있다

맹해차창에서 만든 8582 앞면과 뒷면

맹해차창에서 만든 7532 앞면과 뒷면

맹해차창에서 만든 7542 앞면과 뒷면

중소차창에서 만든 7542 방품 앞면과 뒷면

중소차창에서 만들어진 차들은 병면 앞면과 뒷면의 찻잎 크기가 비슷하다.

중소차창에서 만든 8582 방품 앞면과 뒷면

1990년대 이후 중소차창 보이차 중에 맹해차창 정창차와 인쇄된 글자가 동일한 차들이 있다. 맹해차창과 같이 서쌍판납태족자치주 맹해차창출품으로 표기한 것이다. 이런 차들은 포장지 지질, 병변의 병배 특징, 내비의 인쇄 글자와 내비의 지질로 감별해야 한다. 맹해차창 정창차들의 내비는 대부분 얇은 종이를 사용했다. 색상은 밝은 하얀 색이 아닌 연한 미색이다.

1990년 후반에서 2000년 초에는 밝은 하얀색이 나면서 약간 두꺼운 지질의 내비도 있으나 중소차창의 내비와는 질감이 다르다. 중소차창에서 만들어진 내비는 대부분 밝은 하얀색에 두꺼우며 만져보면 뻣뻣한 느낌의 종이다.

중소차창에서 만든 차들의 내비는 대체로 밝은
하얀색이 나며 종이가 두껍다

맹해차창에서 만든 정창차 내비 종류
중소차창에서 만든 차 내비 종류

포장 방식의 감별

맹해차창에서 생산된 보이차 포장지 접는 방식에는 시기에 따라 약간씩 변화가 있었지만 정창차 포장 마무리에는 일정한 특징이 있다. 1970년 초반~1990년까지 생산된 보이차 뒷면 포장지를 접을 때는 대부분 한 손으로 배꼽 부분을 누르고 한 손으로 한쪽으로 돌려주면서 배꼽 부분에 끼워 넣거나 혹은 넣지 않고 마무리하였다. 접는 간격은 일정하지 않다. 간혹 인급 보이차 접는 방식으로 절반의 한쪽을 가운데로 모으고 나머지 절반을 가운데로 모아 마무리한 차도 있다. 1990년 초반~2000년까지 생산된 보이차 뒷면 접는 방식은 인급 보이차 접는 방식과 유사하게 양쪽의 종이를 중앙으로 절반씩 모아서 마무리 하거나 한쪽 방향으로 돌려 가면서 간격을 불규칙하게 접어 배꼽 위에 넣지 않고 마무리하였다. 1990년대 후반에는 가운데로 모아서 똬리를 틀듯이 휘감아 접는 방식으로 마무리하게 된다. 포장 접는 방식에 따라 맹해차창 정창차와 중소차창에서 만든 차의 구분이 가능하다.

맹해차창에서 만든 차의 포장 접는 방식
맹해차창 청창차의 포장지 접는 방식은 불규칙적인 특징이 있다.

중소차창에서 만든 차의포장 접는방식

노老
보이차
품차와
감별

品
茶
與
鑒
定

THE SIXTH CHAPTER

6

보이차의
선택과
저장

보이차계의 주류인 맹해차창 정창차의 생산시기와 진위를 감별할 수 있으니 고상하고 품위있는 품차品茶[52]를 즐길수 있다. 보이차를 입문하면서 먼저 듣는 '보이차는 습을 먹으면 안된다', '습을 먹은 차를 마시면 큰일 난다' 등의 이야기는 오해의 소지가 있다. 차는 음료이며 다른 식이요법과 같이 개개인의 체질과 관련이 있다. 또한 기호식품으로 개인의 입맛과 취향이 좌우한다. 강하고 풋풋한 차가 몸에 맞는 사람이 있는가 하면 위가 약한 사람은 발효도가 약한 차를 마시면 속이 쓰리거나 어지럼증이 오기도 한다. 차는 약재로 쓰이기도 하지만 본디 성질이 차갑고 해독 해열에 효과가 있다고 전해진다. 사람은 나이가 들수록 몸이 약해진다. 풋풋하고 차가운 음식보다 따뜻하고 잘 익은 발효음식이 몸에 맞다.

근년에는 모두 건창차가 좋다고 한다. 홍콩 전통 창고가 아닌 실온 저장하여 잘 발효된 차는 아직까지 없다. 보이차를 아는 모든 사람들이 알고 있는 88청병과 96년 진순아호가 건창저장이라고 볼수 있으나 아직도 풋맛이 강렬하다. 진국의의 88청병은 홍콩에서 십여년의 세월이 지난 후 유통이 되었지만 아직까지 풋맛이 나며 맛이 강하다. '마흔에 차를 사서 일흔이 되었을 때 지금의 진순아호의 발효정도에도 못 미친다.'라는 말은 현재 보이차 소장의 문제점을 그대로 반영한 것이다. 1990년대 2000년대에 골동보이차를 마시던 마니아들은 커피의 에스프레소를 즐기듯 차를 넉넉히 넣고 진하게 우려 농후한 맛과 여운을 즐겼다. 차맛의 기호나 차의 선택은 각자의 몫이지만 발효가 잘 된 보이차의 매력을 모든 사람들에게 추천하고 싶다.

내 몸에 맞는 보이차

보이차에 입문하는 대다수 사람은 '보이차가 몸에 좋다', '다이어트가 된다' 등의 이야기를 듣거나 또 차 생활을 하는 지인의 추천으로 시작하게 된다. 차 생활을 시작한 이후에는 다양한 보이차를 만나게 되고 기호에 맞는 차를 선택하기도 한다. 더 나아가 입맛보다는 내 몸에 맞는 차를 선택하면서 차에 대한 경험과 지식이 쌓이게 된다. 보이차는 차를 만드는 방법에 따라 크게 차이가 있다. 보이차의 고유한 떫은 맛과 쓴맛이 살아있는 발효되지 않은 생차와 떫은 맛과 쓴맛을 인위적으로 없애기 위해 미리 발효를 시킨 숙차가 있다. 생차 중에서도 전혀 발효되지 않은 신차가 있고, 발효가 진행된 노차老茶가 있다. 숙차 역시도 마찬가지다. 잘 익은 숙차가 있고 잘 익지 않은 숙차가 있다. 제다방법에 따라, 저장 방법에 따라 발효에서 큰 차이가 난다. 발효된 보이차와 발효되지 않은 보이차는 성질과 특징이 전혀 다르다.

제다법과 저장 환경에서 발효도가 다르고 발효도가 다른 차는 체질에 따라 기호가 달라 좋아하는 차와 싫어하는 차로 나누어진다. 사람은 체질이 각기 다르다. 위장이 약하며 몸이 냉한 체질, 위장이 튼튼한 체질, 열이 많은 체질, 카페인에 약한 체질 등 다양한 체질이 있다.

차가 가진 이로움은 수없이 많다. 먼저는 정신적으로 풍요로운 문화생활을 즐길 수 있게 해주고, 또 하나는 육체적 건강에 이로움을 주는 음료다. 건강에 영향을 미치는 모든 먹거리 식품은 그 효능만을 좇아간다면 우리의 신체에 좋지 않은 식품이 없을 것이다. 그것 역시 각자 체질에 따라 이로울 수도 해로울 수도 있다. 홍삼도 체질에 따라 맞는 체질과 맞지 않는 체질이 있다는 것은 누구나 알고 있다. 보이차도 마찬가지이다. 발효 정도는 체질에 따라 맞는 사람과 맞지 않는 사람이 있다. 필자는 오랜 차 생활과 유통 경험으로 마시는 시간대와 체질에 따라, 보이차의 종류를 선택해 마시기를 권하고 싶다.

일상생활에서 자주 먹는 음식도 몸에 맞게 식이요법을 해야만 건강하게 장수할 수 있듯이 차도 마찬가지다. 생차, 숙차, 신차, 익은차 등 다양한 특징을 지닌 보이차가 있지만, 어느 한 가지만 절대적으로 무조건 좋을 수는 없다. 차의 주요 성분인 카페인을 예로 들어보자. 카페인에 민감한 사람은 차를 마신 후 밤새도록 잠을 설쳤다고 말한다. 발효되지 않은 차는 기본적으로 차가운 성질이며, 충분히 발효된 보이차에 비해 카페인 함량이 높다. 차는 발효가 될수록 카페인 함량이 낮아진다. 카페인에 민감한 사람도 아주 오래된 노老 보이차를 마신 후에는 편안하게 잠을 잤다고 이야기한다. 이러한 사실로 미루어 카페인에 민감한 사람은 대체로 발효가 잘된 차를 마시는 것이 좋다. 특히 오후나 저녁에는 발효가 많이 된 차를 마시게 되면 수면장애에 부담을 줄일 수 있다. 마른 체질로서 위장이 약한 사람이라면 발효되지 않은 강한 차를 진한 농도로 마시면 속 쓰림이나 어지럼증이 올 수도 있다. 차는 몸 속에 체지방을 분해하고 혈당을 내리는 특징이 있다. 체질이 약한 사람은 인위적 발효를 거친 숙차를 선택하거나 생차 중에서도 오랜 세월을 지나면서 적당히 익은 잘 발효된 차를 선택하는 것이 좋을 것이다. 젊고 건강한 연령대는 발효된 차에서 나는 독특한 향과 맛보다는 발효하지 않는 신차의 풋풋한 향과 싱그러운 맛을 좋아하고 더 매력을 느낀다. 혈기 왕성한 젊은 연령대는 열이 많고 건강하기 때문이다. 중년 연령대에서도 건장한 체격에 열이 많은 체질은 발효되지 않은 신차에 더 큰 매력을 느낀다. 몸에서 차가운 기운을 받아들일 수 있는 열기가 있다는 것이다. 더 나이가 들면 사람의 체질은 어느 한순간에 변하기도 한다. 어느 날 강한 음식이 부담스럽고 몸이 잘 흡수하지 못할 때가 오기도 한다. 몇 년 전까지만 해도 신차를 좋아하고 저녁 늦게까지 차를 마셔도 전혀 불편하지 않았는데 언제부터인가 강한 차를 마시면 속이 허하며 쓰리고 숙면에 들지 못하게 되기도 한다. 몸의 기운이 약해졌고 흡수력이 떨어졌다는 것을 보여주는 것이다. 이때 잘 발효된 노老 보이차나 잘 발효된 숙차를 마시면 몸이 따뜻해지며 편안해질 것이다.

위에서 언급하였듯이 차는 우리의 정신과 몸에 무척 이로운 음료다. 정신 건강에도 좋지만, 육체적 건강에도 도움을 주기 때문이다. 차를 오랜 세월 동안 꾸준히 즐기기 위해서는 차의 선택에 지혜가 필요하다. 오전에는 몸을 깨워 줄 수 있는 차, 공복에는 위장에 최대한 부담을 주지 않는 편안한 차, 오후에는 내 입맛에 맞는 차를 마음껏 즐기고, 저녁에는 숙면에 방해가 되지 않는 몸에 맞는 차 등을 잘 선택함이 바람직할 것이다. 차를 즐기는 사람들은 누구나 내가 좋아하고 내가 맛있는 차를 지인들에게 권한다. 그래서 신차를 좋아하는 사람 주변에는 대부분 신차를 마시고 노老 보이차를 마시는 사람 주변에는 대부분 노老 보이차 마신다. 손님이 왔을 때 내가 좋은 차茶보다는 손님의 체질에 맞는 차를 내주는 것이 상대방을 배려하는 가장 현명한 선택이며 그날 찻자리를 빛나게 해 줄 것이다.

보이차의 저장

보이차를 구매할 때는 각자 다른 목적이 있을 것이다. 대부분은 보이차를 구매하여 당장 마시기도 하겠지만 세월이 지나면 차가 잘 발효되기를 바랄 것이고 또 가격이 올라 재테크가 되기를 기대하는 사람도 있을 것이다. 이런저런 이유로 보이차를 구매한 사람들이 늘 관심을 가지는 부분은 저장에 관한 문제이다. 그래서 보이차에 관련된 첫 번째 질문이 보이차는 어떻게 보관하면 되는가요? 이다. 차를 구매할 때 가장 먼저 살피는 부분은 지금 당장 맛이 좋은 차일 것이다. 하지만 시간이 지나면서 맛이 좋아지는 차도 있지만 반대로 맛이 없어지는 차도 있다. 또 십여 년 이상 세월이 지났지만 큰 변화가 없이 처음 구매할 때의 맛과 별반 차이가 없는 차도 있다. 보이차라는 것이 처음 구매할 때도 맛있고 시간이 지나면 원하는 만큼 충분히 발효도 되고 또한 가격도 상승하여 재테크도 되면 얼마나 좋을까. 하지만 이런 달콤한 일은 있을 수 없다.

처음부터 재테크가 목적이라면 철저하게 연구 분석하여 미래 시장 유행을 예상하여 한 발 앞서 미리 선 구매하여 소장하든지, 아니면 현재 시장 트렌드에 따라 맹해차창에서 생산된 보이차나, 대익에서 생산한 브랜드 보이차를 소장해야 할 것이다. 이때는 발효와는 크게 상관없이 브랜드만으로도 가격이 상승하기도 한다. 하지만 개인 주문 생산한 보이차이거나 중소형차창에서 만든 품질 위주의 보이차는 다르게 접근해야 한다. 이러한 보이차들도 당연히 물가에 비례해서 가격은 상승할 수 있으나 유통에 매우 어려움을 겪을 수밖에 없다.

보이차의 발효는 미생물발효微生物醱酵와, 산화발효酸化醱酵로 구분해 볼 수 있다. 사실 산화는 엄밀한 의미로는 발효는 아니다. 하지만 차학茶學계에서는 산화가 진행된 차 역시 발효로 통용해서 사용하며 인정하고 있다.

발효에 대한 정의의 사전적 의미는 미생물의 활동으로 이루어지는 것이다. 미생물은 적당한 습도, 온도가 뒷받침되는 조건에서 시간이 지나면 차의 성분 변화를 일으킨다. 미생물이 활동하는 상태에 따라 차 고유의 향과 맛은 발효된 맛과 향으로 변화한다. 신차의 독특한 향, 풋풋하고 싱그러운 맛은 없어지며, 익은 향과 맛으로 변하게 된다. 이렇듯 미생물발효로 잘 변화된 차를 노차老茶라고 한다. 잘 발효된 노차는 차의 오미가 뚜렷하고 끝맛이 살아 있으며 마시고 난 후 단침이 풍부하게 생성되는 특징이 있다.

산화발효란 저장 환경에 산소가 공급되면서 찻잎의 성분 변화가 생긴 것을 말한다. 습도가 낮고, 건조하며 통풍이 잘되며, 차 내부 온도 유지가 되지 못하는 장소에 보관된 차는 산화발효가 진행되었다고 볼 수 있다. 산화발효가 진행된 차도 병면, 찻잎 색상이나 탕색에서 변화는 있다. 병면 찻잎이 녹색에서 짙은 색으로 변하고 탕색도 녹색에서 붉은색으로 변한다. 하지만 더 이상의 변화는 진행되지 못한다. 산화발효로 인해 오랜 시간이 지난 차는 한결같이 신맛이 두드러진다. 차 맛에서도 오미가 뚜렷하게 살아 있지 못하고 끝맛이 밋밋해지는 특징이 있다.

2000년 초반 이후 중국 시장에서 보이차가 유행되면서 건창 저장이 유행했다. 그래서 많은 보이차 소장가들이 통풍이 잘되며, 습도가 낮은 건조한 환경에 차를 저장하고 있다. 대만에서는 1996년 만들어진 진순아호, 한국에서 운남성에 직접 가서 만들어 온 차들이 이러한 환경에서 저장된 차다. 중국 내에서도 북경이나 곤명 같은 지역은 매우 건조한 지역이라 우리와 유사한 환경이라고 보면 된다. 25년 전후의 시간이 지났지만, 과연 발효가 잘 진행되었을까. 색상은 변해 발효가 진행된 듯 생각할 수 있으나 실상은 산화발효가 진행된 것이다.

사실 보이차를 발효시키는 문제는 간단하지 않다. 개인이 소량 저장시키는 것은 한계가 있다. 개인이 저장하면서 곰팡이 생길 것을 염려해 차를 박스에서 꺼내서 통풍이 잘되게 한 차, 통풍이 되다 보니 차 내부의 온도가 상승하지 못하게 된 차, 제습기를 돌리면서 습도를 낮추어 전혀 미생물이 활동할 수 없는 조건의 차 등은 시간이 지나면 병면에서 수분이 증발해 까슬까슬하게 말라 손으로 비벼보면 찻잎이 부스러진다. 수분함량이 낮아 미생물은 전혀 활동하지 못한다. 단지 찻잎 성분 중의 효소와 공기 접촉으로 인한 산화발효만 진행될 수밖에 없다. 그렇다면 보이차 저장에는 답이 없을까? 보이차가 잘 발효가 되려면 발효에 적합한, 즉 미생물 활동을 할 수 있는 환경이 필요하다. 잘 발효된 골동보이차의 저장 환경에서 정답을 찾아보자. 잘 익은 보이차인 골동보이차는 1990년을 전후한 시기에 홍콩의 고온 다습한 지하 창고들에서 대부분 나온 차들이다. 보이차를 창고에 가득 쌓아 놓아 차 내부에서 온도가 발생하며 습도가 높고 빛을 차단해 미생물 활동이 용이한 조건 속에 있었다. 이러한 환경에서 저장된 차 일부는 매변霉變53)이 발생해 상태가 안 좋은 차들도 있었지만 매변이 발생하지 않고 비교적 차 상태가 깨끗하게 잘 발효된 차도 있었다. 조건이 지나칠 정도로 과해 때로는 매변이 많이 발생한 차도 있지만 그렇지 않은 나머지 차들은 잘 발효가 된 것이다.

보이차 저장을 통한 발효에 목적을 두지 않을 수도 있다. 기호에 따라 신차가 지닌 풋풋한 향과 맛이 좋아 이러한 맛을 즐길 수도 있다. 이때는 발효의 조건에 너무 치우치지 않아도 된다. 산화발효가 되지 않도록 통풍과 공기 접촉을 차단해 향과 맛을 유지 시키는 것이 중요하다.

과거 홍콩 창고에서처럼 긴 시간이 아닌 짧은 시간이지만 입창入倉54)을 거친 차들을 어떻게 저장하면 될까? 입창을 거친 차들은 대체로 어느 정도 발효가 진행된 차들이다. 상태에 따라서 약간의 백상이 있을 수도, 매변이 제법 발생했을 수도, 백상이 없이 깨끗하게 발효만 진행됐을 수도 있다. 이런 차들은 병면에 수분이 급격하게 빠져나가는 것을 방지하면서 내부의 열이 지속될 수 있도록 저장시켜 주는 것이 중요하다. 급격하게 빨리 수분이 증발하면 미생물 활동이 멈춰 더 이상 발효가 진행되지 않으면서 다시 풋맛이 나오기도 한다. 하지만 수분을 서서히 증발시키면서 차 내부의 온도를 지속시키면 미생물이 활동해 어느 정도 발효를 진행 시킬 수가 있다. 이렇게 되면 차가 지닌 맛을 살리면서 끝맛이 살아 있게 된다. 그 후 거풍祛風55)과정 즉 산화발효가 진행될 수 있도록 해주는 것이 중요하다. 이 과정을 다르게는 퇴창退倉56)이라고 표현한다. 가끔은 입창이 된 차를 마시고 습먹은 향이 나서 싫다는 표현을 하는 경우가 있다. 입창 과정에서 습도가 높다 보니 맑고 산뜻한 향보다는 습 냄새가 날 수 있다. 그렇지만 이런 차를 마시면 마치 큰일이 날 것처럼 과하게 반응하는 것은 옳지 않다. 이런 차 중에서도 거풍 과정을 잘 거친 차는 발효가 진행되면서 습먹은 향이 빠져나가기 때문이다. 차는 기호 식품이기에 차의 선택은 각자의 몫이다. 지금 내 입 맛에 맞는 향과 맛을 지닌 차가 십 년 이십 년 후의 변화는 지금과 전혀 다를 수 있다. 미래에 맛있는 차가 되기 위해서는 차의 선택이 중요하다. 지금, 이 순간 즐기는 차와 향후 수십 년 후에 즐기는 차는 선택과 저장에서부터 달라야 한다. 근본적으로 좀 더 발효를 시켜 익힐 차, 향과 맛을 유지하게 시킬 차, 어느 정도 발효가 이루어져 더 이상 발효가 필요 없이 맛이 고르게 자리 잡도록 거풍이 필요한 차 등으로 선택에 따라 저장 방법은 달라야 한다.

백상이란 무엇인가?

백상白霜이란 무엇일까? 보이차를 마시다 보면 흔히 듣는 이야기다. 보이차의 백상이란 병면이나 병면 속에 미생물이 활동하면서 남긴 서리 내린 것처럼 하얀 흔적을 말한다. 덥고 습한 환경에 저장한 보이차에서 많이 생기는 미생물 종류다. 덥고 습한 지역인 홍콩, 광주, 동관, 심천 등 중국 동남부 지역의 1층이나 지하 창고에 저장된 보이차들은 대부분 백상이 생기게 된다. 하얗게 보이는 균주가 어떤 종류인지 아직 규명이 되지 않았기에 통칭해서 백상으로 말한다. 병면에 다양한 곰팡이 균주가 활동해 매변이 많이 발생된 차와는 다르다.

미생물은 매우 작아서 눈으로는 볼 수 없는 아주 작은 균이다. 미생물은 세균, 곰팡이, 효모 등으로 불리는 다양한 종류가 있으며 보이차의 발효과정에 영향을 미친다. 보이차의 후발효에는 앞장에서도 언급했듯이 미생물발효와 산화발효가 적절히 조화를 이루면서 진행되어야 한다.

미생물발효에는 효모 균주 또는 곰팡이 균주가 발효에 영향을 미치기도 한다. 초기에 생성되었던 균주가 시간이 지나면서 감소하기도 하기도 하고 때로는 다양한 종류의 미생물 간에 길항작용57)을 하기도 한다. 길항작용을 하는 대표적인 미생물은 흑국균Aspergilus niger이며 아플라톡신을 분해하는 작용을 한다.58) 흑국균은 처음에는 흰색의 균사였다가, 자라면서 노란색 균사, 성장할수록 검은색 균사로 변화되는 특징이 있다. 이처럼 보이차의 발효에는 다양한 종류의 효모 균주와 곰팡이 균주의 증·번식 활동이 필요하다.

고온다습한 환경에 저장되어
백상의 흔적이 보이는 1998년 강성호

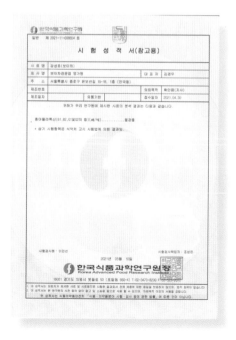

강성호 아플라톡신 독소 시료 검사서

매변이 많이 발생된 차에서 검출될 가능성이 있는 아플라톡신Aflatoxin은 된장을 만드는 메주에서도 가끔 검출되기도 하는데 곰팡이류가 만들어 내는 독소이며 누룩 균에서 생성된다고 한다. 종류는 20여 종이 있으며 대표적으로 B1, B2, G1, G2 타입이 있다고 알려져 있다. 독성이 매우 강해 발열, 무기력증, 구토, 복통, 암을 유발하는 것으로 알려져 있다.

보이차의 백상은 1990년대 오랜 세월 저장된 골동보이차가 창고 밖으로 쏟아지기 시작하면서부터 늘 논란의 대상이 되었다. 창고의 구석진 곳이나 통풍이 되지 않는 습한 장소에 장기간 저장한 보이차들은 단순히 백상 정도만 보이는 차와 매변이 심하게 진행된 차들이 뒤섞여 있었다. 그런 차들이 정상적인 차들과 함께 유통되면서 백상은 늘 좋지 못한 쪽에서 관심의 대상이었다. 보이차에서 백상에 대한 안전성 논란이 쟁점이 되기 시작한 것은 2011년 중국 국영 CCTV가 백상차 안전성에 대해 방송할 때 부터다. 광동의 어느 보이차 매장 안쪽 구석진 바닥에 심하게 매변이 발생한 보이차를 검사한 결과 암을 유발할 수 있는 아플라톡신 독소가 검출되었다고 보도를 한 것이다. 사실 곰팡이라는 단어가 주는 어감은 좋지 못하다. 그러다 보니 약간의 곰팡이만 육안으로 보여도 아플라톡신 독소로 연결 지어 이런 차를 마시면 당장 암이나 간을 손상하게 시킬 것으로 생각할 수도 있다. 보이차는 다양한 종류의 효모와 곰팡이 종류의 활동으로 발효가 진행된다. 보이차 숙차를 만드는 공정 과정중 악퇴를 진행 시킬때를 생각한다면 이해가 쉬울 것이다. 모차에 물을 뿌리고 거적으로 덮어 온도가 올라가면 다양한 종류의 미생물이 증·번식하게 된다. 이때 다양한 종류의 미생물은 생성되었다 감소하기도 하고 길항작용으로 좋지 못한 미생물의 증식이 억제되기도 하면서 발효가 진행된다.

고온다습한 환경에 저장되어 백상의 흔적이 보이는
1990년대 중반 남인철병

이 과정을 통해 400여종 이상의 미생물이 활동하거나 소멸하면서 발효가 일어난다. 악퇴발효 과정 속에 미생물들이 차의 떫은 맛과 쓴맛을 분해하는 역할을 한다. 그런 이유로 인해 숙차에서는 떫은 맛과 쓴맛들이 현저히 줄어들게 된다. 숙차는 다양한 미생물들의 작용으로 완성되지만, 과학적 안전성 검사에서 증명이 됐기 때문에 논란이 되지 않는다. 악퇴과정 속에서 흑국균의 길항작용 때문에 유해한 미생물이 증식되는 것을 방지하기 때문에 완성된 숙차에서 유해한 독소가 검출되지 않는 것이다.

보이차 생차가 지닌 지나친 떫은 맛과 쓴맛을 감소시켜 마시기 편하게 발효시키는 방법은 홍콩에서 차를 판매하는 판매상들의 최대 관심사였다. 여러 가지 시행착오를 거쳐 모차를 빨리 발효를 시키는 것이 바로 숙차의 제다 방법이다. 모차에 물을 뿌려 미생물 활동을 증식시켜 짧은 기간에 인위적으로 발효를 시키는 방법을 완성한 것이다.

보이차 생차 역시 온·습도가 높은 장소에 저장시켜 미생물 활동으로 인한 차의 발효가 촉진되도록 했다. 저장한 창고의 위치에 따라 바닥이나 구석진 위치에 있던 일부 차에서 매변이 발생했고 그런 차들도 섞여 유통되기도 했다. 온·습도가 높고 저장 기간이 길어지고 흑국균이 생성되어 길항작용을 하지 못하면 매변 즉 다양한 미생물이 활동한 흔적이 남을 수밖에 없다. 중국 CCTV에서 방송된 곰팡이가 심하게 피어 아플라톡신 독소가 검출된 보이차의 병면은 공개되지 않아 비교할 수 없지만 실제로 백상이 있는 차와 매변이 진행된 차는 다르게 접근하는 것이 맞다. 아플라톡신 독소에 대한 우려를 안심시키기 위해 심하게 매변이 생기지 않고 단지 백상이 있는 차 몇 종류를 한국식품연구원에 의뢰하여 아플라톡신 독소 검출 여부를 확인한 결과 모두 불검출로 나왔다.

고온다습한 환경에 저장되어 백상의 흔적이 보이는 2005년 여명차창 숙차

람인철병 아플라톡신 독소 시료 검사서

온·습도가 높은 보이차 저장 창고에서 나온 차 중에는 사진보다 훨씬 매변이 심하게 발생된 차도 있을 수 있다. 매변이 심하게 발생한 보이차는 1차 육안 검사에서 탈락시켜 검사해 본 적이 없어 독소의 유무를 증명할 필요성이 없었다. 노老 보이차 마니아들은 냄새만 맡아도 알 수 있다. 실제로 매변이 심한 차들은 쿰쿰한 곰팡이 냄새가 지나쳐 향과 맛에서 제대로 발효된 차와 차이가 크기 때문에 이런 차를 선택할 이유가 없기 때문이다. 단지 백상이 발화된 차에서 독소가 검출되지 않았다면 차의 향과 맛에는 어떤 영향을 미치게 될까? 차가 지닌 본연의 향이 나기보다는 미생물이 관여하면서 생긴 습한 향이 날 것이다. 미생물 활동으로 인해 발효가 촉진되면서 떫은 맛과 쓴맛이 약해지게 되고, 산뜻한 맛보다는 무거운 맛으로 나타나며, 차를 마시고 난 후 올라오는 단침이 약한 특징이 있다. 백상이 발생한 차는 저장 기간에 비해 발효가 촉진된다는 것이다.

보이차 병면의 백상은 덥고 습한 장소에서의 저장 기간이 길수록 더 많이 생긴다. 백상이 많은 차일수록 발효는 빨리 촉진되어 육안상 보기가 좋지 않다. 또한 차의 맛에도 영향을 미치게 된다. 차의 떫은 맛과 쓴맛이 뚜렷하지 않으며, 맛이 단단하지 못하고 약하며, 회감에서 단침이 생성되지 못한다. 숙차를 마시면 회감이 약하고 단침이 올라오지 못하는 이유와 동일하다. 그래서 백상이 많이 발생한 차는 숙차처럼 맛이 꺾여 나타난다.

보이차의 저장 과정에서 백상이 생기지 않게 하려면 건조한 환경에 두면 된다. 하지만 이런 차들은 발효가 되기 위해서 너무나 긴 시간이 필요하다. 그리고 제대로 맛있게 발효될 수 있는지에 대한 검증 역시 아직은 부족하다. 예를 들어보자면 건창차의 효시라는 88청병은 습하지만 통풍이 잘되어 내부의 온도가 상승하지 못하는 조건인 홍콩의 고층 창고에서 10여 년 이상 저장된 후 유통이 되기 시작하면서 30년 이상의 세월이 지났다.

고온다습한 환경에 저장되어 백상의 흔적이 보이는 1999년 가이흥 전차

여명숙차 아플라톡신 독소 시료 검사서

고온다습한 환경에 저장되어 백상의 흔적이 보이는 2006년 창태호

창태호 아플라톡신 독소 시료 검사서

그러나 30년 이상 세월이 지났음에도 충분히 발효되지 못해 풋향과 풋맛이 아직 그대로 남아있다. 보이차의 품질적 가치와 가격은 향과 맛, 상태에 따라 그 가치는 달라진다. 잘 발효가 이루어진 동일한 연대의 보이차는 백상이 있는 차보다는 없는 차가 향과 맛이 좋다. 차가 지닌 본연의 향과 맛이 잘 나타나기 때문이다. 하지만 생산된 기간이 짧고 가격이 저렴한 차라면 백상이 있다고 해서 무조건 터부시 하는 것도 한 번쯤 생각해 볼 필요가 있는 문제이다.

현대 보이차 골동보이차처럼 변화될까

보이차 중의 보이차는 골동보이차이다. 보이차 마니아라면 누구나 인정하는 최고의 기미氣味를 두루두루 갖춘 최고의 차가 바로 골동보이차인 것이다. 요즘 만들어지는 보이차가 오랜 시간이 지나면 골동보이차의 맛을 그대로 재현할 수 있을까? 보이차를 좋아하는 모든 사람의 관심사일 것이다. 사견이지만 절대 쉽지 않다는 것이 필자의 생각이다. 첫째 원료가 되는 모차가 다르며, 둘째 제다방법이 과거와 다르며, 셋째 저장환경이 다르기 때문이다.

첫째 원료적인 부분에서 다르다. 요즘은 대부분 인위적으로 관리하지 않고 야생으로 자라는 교목형喬木形59) 차나무에서 딴 모차로 만든다. 과거 호급 보이차, 인급 보이차에서 사용된 모차와 동일한 원료이다. 숫자급 보이차가 만들어진 1970년대 이후에는 사람이 인위적으로 키가 높게 자라지 못하게 관리하거나 영양분을 공급하는 재배 관목형灌木形60) 차나무에서 채엽한 모차를 사용해서 보이차를 만들었다. 호급 보이차나 인급 보이차의 모차는 같은 교목형의 원료지만 병배를 했다는 점이다. 과거에는 봄가을 찻잎을 병배하여 만들었으며, 인급 보이차는 찻잎이 생산되는 여러 지역의 찻잎으로 병배해 만들었다. 하지만 요즘은 한 지역에서 딴 찻잎으로 만든 순료차, 한 지역 중에서도 특히 한 나무에서 만든 단주차 위주의 찻잎으로 차를 만든다. 그런 차들은 향기가 좋고 맛이 자극적이지 않으며 순해 현재는 좋을지 모르지만, 시간이 지나면 단조로울 수밖에 없는 특징을 지니고 있다. 과거에는 야생 교목형 차나무라는 용어를 사용하였지만 2000년 초·중반 들어오면서 고수차古樹茶61)라는 용어를 주로 사용하고 있다.

야생차 혹은 고수차는 관리형 다원에서 자라는 대량 재배하는 차나무가 아닌 야산에서 한 그루씩 단독으로 자라면서 수령이 오래된 차나무를 말한다. 야생으로 자라는 차나무는 척박한 토양에서 인위적으로 관리하지 않아 자생력을 갖추어야만 생존 할 수 있다. 땅 속 깊숙이 뿌리 내려 추위에 견디며, 광물질을 빨아들여 영양분을 축적해야 생존 할 수 있다. 하지만 재배하는 관목형 차나무는 주기적인 관리와 영양분을 공급받다 보니 차나무 뿌리가 땅속 깊숙한 곳까지 내려가지 않는다. 이러한 환경하에 자란 차나무의 찻잎은 야생 차나무의 찻잎에 비해 두께가 얇으면서 탄력이 부족하다. 기본적으로 생존 조건이 다른 야생과 재배 차나무를 기운氣運의 차이로 비교하는 마니아들도 있다.

둘째 제다의 차이다. 1970년 이후에 생산된 숫자급 보이차의 모차 원료는 관목형 차나무에서 딴 찻잎으로 만들었지만, 호급 보이차와 인급 보이차는 야생 교목형 차나무로 현대에 주로 만드는 고수차와 원료와 동일하다. 하지만 제다에서 큰 차이가 있다. 가장 큰 차이점의 제다 과정중 유념揉捻의 강약 차이다. 과거 만들어진 호급 보이차나 인급 보이차는 병면 찻잎을 보면 크고 우람하긴 하나 차를 우려서 엽저를 살펴보면 찻잎의 크기가 병면에 보이는 것보다 훨씬 크며 온전한 형태의 찻잎이 드물다. 이것은 유념을 강하게 했기 때문이다. 반대로 현대에 고수차를 만드는 차의 병면을 살펴보면 찻잎이 크고 우람하나 차를 우려서 엽저를 살펴보면 파손된 찻잎이 많지 않으며 형태가 온전하다. 유념을 약하게 했기 때문이다. 유념을 약하게 하면 발효가 되기 전에는 향이 좋고 맛이 순해 당장 마시기 좋다. 반대로 강하게 유념한 차는 발효가 되기 전에는 쓰고 떫은 맛이 많이 침출되어 마시기 불편하지만, 발효된 후에는 쓰고 떫은 맛이 조화를 이루며 맛이 묵직하며 풍부한 바디감으로 나타난다. 또한 회감에서 단침이 많이 생성된다는 특징이 있다. 강한 유념으로 인해 맛이 가장 풍부하게 변화된 골동보이차중 홍인이 좋은 예이다. 홍인은 강한 유념으로 인해 생산된 당시에는 소비자들의 외면을 받던 차다. 하지만 세월이 지나 충분히 발효가 이루어진 후에는 현재 마니아들에게 최고의 보이차로서 사랑을 받고 있다.

셋째 저장환경의 차이다. 과거 호급 보이차, 인급 보이차, 숫자급 보이차 순으로 점점 습도가 높은 환경에서 저장되었다. 하지만 현대에 와서는 건창차 유행과 함께 일반적으로 고층에 있는 창고에 저장시키고 통풍이 잘되도록 차를 쌓아두지 않는다. 이러다 보니 내부에 열이 발생하지 못해 미생물이 활동할 수 있는 조건이 되지 못한다. 이러한 차들은 산화발효만 진행된다. 병면 색상과 우려낸 탕색이 조금 변하긴 하나 근본적으로 발효가 더 이상 진행되지 못하는 것이다. 산화발효가 진행된 차들은 습기와 온도가 뒷받침되지 않았기에 미생물이 관여되지 않아 맑은 맛이 난다. 후 발효된 골동보이차에서 나타나는 농후한 맛과는 거리가 있는 것이다. 골동보이차의 가장 큰 매력은 농후한 맛이다. 요즘 차들은 오랜 시간이 지난다고 해서 저장환경이 과거와 다른 이유로 인해 골동보이차의 맛으로 진화되지 않는다. 근래 만들어지는 고수 보이차도 참 좋은 차이다. 적당하게 쓰고, 떫은 맛이 나며, 마시고 난 후에는 회감도 빠르다. 또한 적당한 바디감도 있다. 당장 마시기에 적합하게 만들어진 차인 것이다. 새로 차를 접하는 사람들은 오랜 세월이 지나 잘 발효된 보이차보다는 신선한 향이 있는 고수차를 좋아하며 즐겨 마신다. 그런 이유로 요즘 만들어지는 신차 보이차들이 세월이 지나면 골동보이차처럼 변화될 것이라고 말할 필요는 없다.

노老

보이차

품차와

감별

品
茶
與
鑒
定

진년
보이차
우리기

보이차
맛있게 우리기

차를 맛있게 우리는 방법은 즐기는 사람의 기호에 따라 다양할 수 있다. 가장 우선적인 방법은 첫째 차를 우릴 때 사용하는 도구를 선택하는 것에 있다. 어떤 형식의 차를 즐길 것인가에 따라 차도구의 선택이 달라지기 때문이다. 휴대용 텀블러에 편하게 마실 수도 있고, 찻잎과 탕색을 즐기기 위해 유리 다기를 사용하기도 하고, 향을 더욱 즐기도록 개완을 사용하기도 하며, 차맛이 중후重厚하도록 자사호를 쓰기도 한다. 두 번째는 물의 온도와 우리는 편차에 있다. 필자는 녹차를 우릴 때 물의 온도를 살짝 식혀서 우리며, 우롱차는 뜨겁게 빨리 우려야 향과 맛이 더 좋아진다. 그럼 보이차는 어떻게 우려야 가장 맛이 좋을까? 보이차는 신차, 발효된 노老 보이차, 골동 보이차로 나뉜다. 전혀 발효되지 않은 신차와 어느 정도 발효가된 노차는 우리는 다기와 방법도 당연히 다를 것이다.

보이차 생차
우리기

신차는 전혀 발효되지 않은 차다. 보이차는 대엽종 찻잎으로 만들어졌기에 차의 성분이 풍부하여 쓴맛과 떫은 맛 등 차성이 매우 강하다. 신차는 녹차를 우리듯이 적은 양의 차를 큰 개완에 넣고 뜨겁게 우려내면 그윽한 향과 상쾌한 맛을 최대한 즐길 수 있다.

차를 우리고 난 후 개완 뚜껑의 향을 맡고, 차를 마시고 난 후 찻잔의 향을 맡아 보면 보이차 신차 특유의 과일향과 꽃향을 즐길 수 있다. 보이차 신차의 가장 큰 매력은 지속성이 좋아 10회 이상 우려도 맛과 향이 끊이지 않는다는 점이다.

운남성에서 생산되는 대엽종 찻잎은 우리나라 찻잎보다 폴리페놀 함량이 많아 위장이 약한 사람이 많이 마시면 가벼운 속쓰림이나 신물이 올라올 수도 있다. 공복에 차만 마시기 보다는 다식을 곁들여서 마시는 것이 좋다. 자사호로 신차를 즐기고 싶다면 밤색이 나는 자니紫泥와 노란색이 나는 단니段泥이면서 크기가 큰 자사호를 선택하는 것이 좋다. 자니와 단니는 밀도가 크고 통기성이 좋아 떫은 맛과 쓴맛을 감소시켜 주기 때문에 발효되지 않는 신차를 우릴 때 적합하다. 물을 끓이는 용기는 은 소재 탕관이 좋다.

노老 보이차를 우릴 때

발효된 보이차일지라도 발효 정도가 서로 달라 우려내는 다기와 방법을 조금 달리 하는 것이 바람직하다. 아직은 발효가 많이 이루어지지 않아 떫은 맛과 쓴맛이 있는 20년 전후의 차는 자니나, 단니 등 통기성이 좋고 크기가 약간 큰 자사호를 선택하는 것이 좋다. 차의 양을 신차보다는 조금 많이 넣는 것이 좋다. 95℃ 이상 뜨거운 물로, 시간을 짧게 우려내는 것이 바람직하다. 어느 정도 발효가 진행된 차는 생차의 은은한 향과 약간 발효되어 익은 향이 동시에 나타난다. 향을 최대한 살리면서 익어가는 차 맛을 동시에 즐길 수 있는 매력이 있다.

1990년대 생산된 대부분의 노老 보이차는 단일 차청으로 만들어진 야생 교목형의 고수차보다는 병배된 관목형의 차가 많다. 재배된 관목형이면서 병배된 차들의 특징은 강한 유념으로 인해 쓰고 떫은 맛이 강하다. 아직은 발효가 충분히 진행되지 않아 진하게 우리면 쓰고 떫은 맛이 많을 수 있다. 이러한 특징을 보완할 수 있게 기물이나 물의 온도와 우려내는 시간을 조절하는 것이 좋다. 물을 끓이는 용기는 은 소재 탕관, 스테인리스 스틸 포터 등도 좋다.

노老 보이차 중에서 1990년 이전에 생산되어 발효가 충분히 이루어진 차는 차가 지닌 순수한 맛을 최대한 즐길 수 있게 하는 것이 좋다. 발효가 진행된 차들은 쓰고 떫은 맛은 살아 있지만 목 넘김에서 자극을 주지 않으면서 몽글몽글 부드럽게 넘어간다. 또한 차를 마신 후 혀 밑이나 목젖에서 단침을 풍부하게 생성시켜 준다.

자사호는 열 전도율이 높고 떫은 맛과 쓴맛을 감소시키지 않는 작은 크기의 주니가 좋다. 물 온도는 99℃까지 최대한 높은 온도로 끓이는 것이 좋다. 물을 끓이는 용기는 물맛을 부드럽게 변화시켜주는 은 소재 탕관이나, 물 끓는 온도가 97℃인 스테인리스스틸 포터 보다는 99℃까지 충분이 가열할 수 있으면서 차 맛을 묵직하게 침출시켜 주는 무쇠 탕관이 좋다.

기물을 선택하였다면 보이차 농도를 결정해야 한다. 술을 마실 때도 커피를 마실 때도 연하게 마시는 방법과 진하게 마시는 방법이 있다. 차를 우려 마실 때도 마찬가지다. 청나라 초기 조주 지방에서 유행한 공부차 우리는 방법이 있다. 공부차는 커피의 에스프레소 농도처럼 아주 진하게 우려 마시는 방법이다.

진하게 우려 마시는 이유는 마시는 양보다는 적은 양을 마셔도 오래 여운이 남는 방법이기 때문이다. 차의 농도를 진하게 우려내면 쓰고 떫은 맛은 아주 강하지만 마시고 난 후 단침이 끊임없이 혀 밑에서 올라오며 잔향의 여운이 오래 이어지는 특징이 있다.

노老 보이차 중에서 충분히 발효가 진행된 차는 주니 계열의 자사호에 1인 몇 그램 기준이 아니라 차를 마시는 인원에 비례해 자사호 크기를 선택하는 것이 좋다. 조금 연하게 우려내고 싶다면 자사호 용량의 ⅓, 조금 진하게 우려내고 싶다면 자사호 용량에 절반을 넣어주는 것이 좋다. 차는 기호 식품이기에 농도는 정답은 없다. 하지만 잘 발효된 보이차일수록 조금은 농도를 진하게 우려 마시는 것이 바람직하다. 이때 쓰고 떫은 맛이 혓바닥에 오랫동안 남는다면 좋은 차가 아니기에 양을 약간 줄이는 것이 좋다. 반면에 좋은 보이차는 쓰고 떫으나 혓바닥에 오래 남지 않고 금방 침샘을 자극하여 단침을 생성시켜 준다. 보이차 품질을 판단하는 기준이 되기도 한다. 철병처럼 강하게 긴압된 보이차는 양을 약간 줄이는 것이 좋다. 차를 우려내면 눈에 보이는 우리기 전의 양보다 훨씬 많이 부풀기 때문이다. 차를 우리는 사람이 차에 대한 안목이 높다면 보이차의 병면을 보고 제다법과 찻잎 크기에 따라 차의 양을 가감하기도 할 것이다. 차의 고수는 병면만 보고도 차 맛을 유추할 것이고 차의 양을 결정하기 때문에 흔히들 차를 참 맛있게 우린다고 한다.

차는 입으로도 마시고 눈으로도 마실 수 있다. 눈으로 차를 맛있게 마시려면 마시려는 차의 품격에 맞는 기물의 선택과 조화가 중요하다. 기본적으로 노老 보이차는 일반적인 차와는 격이 다르다. 아름다움과 품위를 갖춘다는 것은 종이 한 장 차이 일수도 있다. 종이 한 장의 차이가 때로는 찻자리를 빛나게 해 줄 수도 있고 차 맛을 배가시킬 수도 있다. 찻자리 주위 기물이 잔뜩 쌓여 산만하게 하는 것도 차 맛을 집중시키는데 방해된다. 정갈한 찻자리는 차 맛을 집중시키는 데 훨씬 도움이 되며 차 맛을 한층 더 맛있게 느낄 수 있다. 찻자리의 주제도 일상적인 이야기 보다는 차와 차도구에 관한 이야기로 한정해야 한다. 일상적인 이야기는 찻자리를 산만하게 하여 차 맛을 집중해서 느끼기에 도움이 되지 않는다. 오랜 시간 회자되는 찻자리는 차, 사람, 기물 등이 일체가 되었을 때 차 맛과 찻자리의 여운이 오래 남을 것이다.

노老 보이차 즐기는 10가지 꿀팁

막상 보이차의 세계에 입문하자면 어떤 맛이 나야 좋은 보이차이며 또 어떤 맛을 즐겨야 하는지 많은 사람이 의문을 가지고 궁금해 한다. 딱히 정리된 자료가 없다보니 주관적인 기준이 마치 객관적인 기준이 되어 혼란을 가중시키는 원인이 되기도 한다.

노老 보이차를 품차品茶 하는 목적은 생산 연대의 진위 여부를 판단하는 목적과, 품질 대비 합리적인 가격을 산정하기 위함이며 제대로 즐기기 위해서다. 일반적으로 보이차를 품차品茶 할 때는 외형, 향기, 탕색, 맛, 엽저 순서에 따라 한다. 하지만 노老 보이차는 외형, 향기, 탕색, 맛, 엽저의 변화 폭이 신차 보이차와는 달리 큰 편이다. 발효된 특수한 차이기에 신차 보이차에서 적용되는 잣대로 품차를 하게 되면 적합하지 않을 수도 있다. 신차 보이차는 순후한 맛을 즐기기 위해 제다과정에서도 유념을 적게해 차의 외형을 살아 있게 만들었다. 노老 보이차는 대량 생산에 따라 유념 기계에서 유념을 강하게 하다 보니 차의 외형이 살아 있지 못하는 근본적인 차이점이 있다. 유념을 강하게 한 차는 차의 성분이 많이 침출되다 보니 발효 전보다는 발효 후에 풍미가 잘 나타나는 특징이 있다. 그러기에 동일한 잣대로 품차를 해서는 안 된다.

외형에서도 요즘 만들어지는 신차는 비슷한 찻잎 크기로 만들어지는 순료차가 대부분이다. 하지만 노老 보이차 중에서 숫자급 보이차는 찻잎 크기가 다른 여러 등급의 차로 만들어졌기 때문에 근본부터 다르다.

그러기에 외형은 참고 사항일 뿐이며 오히려 병면 색상에서 차의 저장환경 특징을 알 수가 있다. 발효 정도에 따라 색상이 다르며 저장 환경에서 습기에 관여된 정도에 따라 색상이 다르기 때문이다. 후 발효차의 특징상 색상의 변화 정도 즉 발효 정도에 따라 향과 맛에서 확연한 차이가 나고 품질의 선택으로 이어지게 된다. 좋은 차를 고르기 위한 품차의 방법과 순서를 필자의 경험을 바탕으로 정리해 보았다.

노老 보이차를 품차하기 위해서는 차의 외형을 보고 마시면서 느끼는 순서에 따라 접근하면 된다. 순서는 1)외형의 색상과 찻잎의 크기 2)병면 향기 3)차의 탕색 4)차탕의 향기 5)열감 6)맛 7)목 넘김 8)배저향 9)회감 10)내포성과 몸 반응의 순서다.

1) 외형의 색상과 찻잎의 크기 _ 노老 보이차 외형 색상은 발효 정도에 따라 녹색에서 점점 짙은 색으로 변해 간다. 여기서 가감해야 하는 점은 저장환경에서 습기에 노출된 정도에 따라 동일한 연도 일지라도 나타나는 색상의 차이다. 습기에 노출된 차는 연도와 상관없이 어두운 색, 습기에 덜 노출된 차는 광택이 있는 밝은 색이 난다. 하지만 색상은 절대적인 기준이 아니므로 참고로 생각하면 된다. 색상은 습기에 노출된 정도에 따른 편차를 가감하여 연도에 따른 고유의 색상이 나오는지 살펴보는 것이 중요하다. 지나치게 습기에 노출된 차는 하얀 백상에서 노란색, 푸른색, 검은색 등의 곰팡이가 발화된 흔적이 있다. 찻잎은 크고 작은 찻잎이 섞여 있지만 전체적으로 고르게 긴압 되어져 있는 것이 좋다. 너무 노엽(황편)은 차의 성분히 침출되지 않는다.

2) 병면 향기 _ 병면 향기의 특징은 발효 정도에 따라 풋 향에서 묵은 향 즉 진년 향으로 변한다. 다만 습기에 노출된 정도에 따라 습기 향, 곰팡이 향이 나타날 수 있기 때문에 참고하여야 한다. 병면의 향기는 앞 외형 색상에 따른 결과물이기에 동일하게 나타난다고 판단하면 된다. 지나치게 곰팡이 냄새가 나는 차는 선택하지 않는 것이 좋다.

3) 탕색 _ 탕색은 생산 연도와 발효 정도에 따라 녹색에서 등황색 진갈색, 암갈색으로 변해 간다. 이때 습기에 노출된 차는 짙은 탕색이 나며 검다. 발효 정도와 생산 연대에 따라 나타나는 고유의 색상이지만 충분히 거풍이 되었거나 오랜 세월이 지난 차는, 발효 정도에 따라 색상은 달리 나지만 공통적으로 맑게 나타난다. 불빛에 비추어 보면 탕색의 심도가 깊고 맑다. 이런 차일수록 좋은 차에 해당한다.

4) 차 탕의 향기 _ 차를 찻잔에 따르면 마실 때 먼저 입으로 가는 사람과 코로 가는 사람이 있다. 마니아라면 입으로 가서는 안 되며 코로 가서 향기를 맡아야 한다. 향기를 맡을 때 가늠해야 하는 점은 차의 발효 정도 풋향과 발효된 향을 가늠해야 하며 발효 정도를 구분하여 생산 연대를 어느 정도 구분해야 한다. 또한 습기에 노출된 정도에 따라 매변된 향과 잡냄새가 나타나는지도 구분하여야 한다.

5) 열감 _ 노老 보이차는 기본적으로 발효된 차이다. 발효된 정도에 따라 차를 마시면서 혀에서 느끼는 뜨거운 정도가 종류마다 다른 특징이 있다. 세월이 오래될수록, 발효가 잘된 차일수록 차가 더욱 뜨겁게 느껴진다. 동일한 조건 물, 탕관, 자사호, 찻잔이 같아도 종류에 따라 뜨거운 정도가 달라 이 또한 노老 보이차의 품질과 세월을 가늠하는 조건이 될 수 있다.

뜨거운 차일수록 몸 반응에서 땀을 나게 해주며 기운을 돌려주는 특징이 있다.

6) 맛 _ 차를 마시는 사람들의 취향을 살펴보면 떫은 맛과 쓴맛을 감소시켜 차를 우려내 마시는 사람과 적당한 떫은 맛과 쓴맛을 살려 차를 우려내 마시는 사람으로 구분해 볼 수 있다.

차를 즐기는 마니아라면 적당한 떫은 맛과 쓴맛이 침출되도록 해서 마신다. 지나치게 고급스럽지 못한 떫은 맛과 쓴맛은 감소시켜야 하지만 좋은 차에서 나오는 떫은 맛과 쓴맛에 오래 혀에 남아 있지 않으며 침샘을 자극하여 금방 단침으로 돌아온다. 차의 기본적인 맛 가운데 대표적인 맛이 떫은 맛과 쓴맛이기에 두 가지 맛이 따로따로 나면서 지나치게 한 가지 맛이 두드러지는 차는 좋은 차가 되지 못한다. 두 가지 맛이 서로 어우러져 마치 한 가지 맛으로 느껴지는 차가 좋은 차이다. 이는 발효 정도와는 상관없이 좋은 차가 갖추어야 할 맛의 기본이다. 두 가지 맛이 잘 나타나면서 어우러진 차를 맛이 있다고 표현할 수 있다. 맛이 없는 차가 좋은 차가 아니라 맛이 있는 차가 좋은 차인 것이다.

7) 목넘김 _ 잘 발효된 차를 마시면 차 맛이 부드럽다고 한다. 여기서 부드럽다는 것은 차 맛의 농도가 연하거나 떫은 맛과 쓴맛이 약해 마시기 편하거나 차의 성분이 침출되지 않아 맛이 심심한 것이 부드러운 것이 아니다. 떫은 맛과 쓴맛은 있지만 목 넘김에서 자극을 주지 않고 편하게 넘어가는 차를 부드럽다고 할 수 있다. 기본적으로 발효된 차일수록 점막이 많이 형성되어 떫은 맛과 쓴맛의 입자가 몽글몽글하게 변해 있으므로 세월이 오래 지난 잘 발효된 차일수록 목 넘김에서 자극을 주지 않으며 부드럽다. 목 넘김의 부드러운 정도에 따라 생산연대를 가늠해 볼 수 있다.

8) 배저杯底향 _ 차가 잘 만들어졌거나 오랜 세월 잘 발효된 차는 차를 마시고 찻잔 속에 향기를 맡으면 은은한 화향火香(구수한 향)이 참 좋다. 화향은 차의 생산 연대가 오래되고 잘 발효된 차에서도 나지만 만든 지 그렇게 오래되지 않은 차에서도 나타난다. 기본적으로 잘 만들어졌거나 잘 발효된 차는 배저杯底 향을 즐기는 것도 중요하다.

9) 회감 _ 생산된지 오래되었거나 잘 발효된 차뿐만 아니라 발효가 충분히 되지 않은 차에서도 회감回甘이 생성되어야 좋은 차라고 할 수 있다. 자사호에 절반 정도의 차를 넣고 차를 우려 마시고 난 후 떫은 맛과 쓴맛이 먼저 느껴지고 그 후에 혀 밑이나 양 볼 사이, 목젖에서 단침이 생성되어야 한다. 좋은 원료로 만들어지고 잘 발효된 차일수록 회감이 풍부한 특징이 있다.

10) 내포성과 몸 반응 _ 내포성이란 차를 여러번 우려도 맛이 일정한 상태로 지속적으로 침출되는 것을 말한다. 발효가 충분히 이루어진 좋은 차는 15포 이상 우려내어도 그 맛이 일정하게 유지된다. 그러나 발효가 충분히 이루어지지 않은 차는 우리는 횟수가 늘어날수록 찻잎 속에 묻혀있던 풋맛이 침출되어 그 맛이 일정하게 유지되지 않는다. 변형된 제다법으로 만들어진 차 역시 7~8포 정도 우려내면 급격하게 맛이 옅어진다. 차를 마시고 난 후 몸 반응 역시 매우 중요하다. 차를 마시고 난 후 회감이 꾸준하게 생성되어 단침 때문에 입안이 좋은 느낌이 있을 뿐만 아니라 몸에서 땀이 나면서 편안해질 것이다.

노老

보이차

품차와

감별

品
茶
與
鑒
定

THE EIGHTH CHAPTER

8

잘못
알려진
보이차
이야기

세월이 오래되면
무조건 좋아진다

보이차를 소장하는 목적은 대부분 두가지로 볼 수 있다. 세월이 지나면 잘 발효되어 아주 맛있는 골동보이차가 되리라는 기대와 오랜 세월이 지나면 무조건 가격이 올라가서 비싼 가격에 팔 수 있다는 투자의 생각이다. 현재 경매 시장에서는 오랜 세월이 지나 맛있는 골동보이차가 고가에 거래되는 것은 사실이다. 소장가와 마니아들이 많아지다 보니 가격이 천정부지로 올라 경매시장에서 낙찰률이 높아 환금성이 뛰어난 상품이 되었다. 세월이 지나 발효가 잘 되어 맛도 좋고 골동보이차처럼 투자도 될 것이라는 생각으로 신차를 사재기하는 풍조도 십여 년간 지속되고 있다. 보이차 발효에 관한 부분은 앞장에서 언급한 것처럼 개개인이 저장해 발효시키는 것은 쉽지 않다. 또한 환금성을 위한 투자의 개념이라면 미래 보이차 시장을 예측하는 지혜가 필요하다.

발효와 큰 상관없이 시간이 지나면 가격이 오르는 보이차는 차창의 지명도에 따라 좌우된다. 오래된 보이차가 재유통되는 시장 상황을 보면 생산된 회사의 인지도가 굉장히 중요한 것을 알 수 있다. 대형 차창이며 브랜드 가치가 있는 맹해차창이나 대익에서 생산된 보이차는 재유통이 가장 손쉽다.

여기에서 알아야 할 부분은 2004년 맹해차창이 대익으로 회사명칭이 바뀌면서 대익에서 만든 보이차들은 원래의 맹해차창에서 만든 보이차들과 약간의 다른 점이 있다는 것이다. 가격이 오르는 보이차들은 한정판으로 수요량에 비해 적게 생산된 차들이며 차 투기꾼들이 가격을 인위적으로 끌어올린 측면이 강하다.

대형 차창에서 만든 보이차들만 무조건 가격이 상승하는 것은 아니다. 중소차창에서 생산된 보이차들도 세월이 지나면 물가 대비 가격은 상승한다. 그러나 재유통은 매우 어렵다. 국제적인 가격 기준이 없어 거래가 쉽게 이루어지지 않기 때문이다. 이런점을 볼 때 개인 소장의 차는 더욱 그 가치를 인정받기 어렵다는 것을 알아야 한다. 보이차 역시 일반 명품 브랜드 시장과도 같아 극히 일부의 상품만이 가격이 오를수 있다.

노老 보이차 유통 구조를 살펴보면 보이차는 한 편片(보이차의 개수 단위)보다는 한 통筒(7편)이, 한 통 보다는 한 건件(42편, 과거에는 84편)이, 한 건 보다는 여러 건이 거래가 쉽고 높은 가격을 받을 수 있다. 일정한 수량이 되면 유통하는 사람도 판매하기 쉬우며 한편에 붙이는 마진이 적어도 전체 물량이 늘어나 이윤 추구가 쉽기 때문이다. 사람마다 보이차를 소장하는 목적은 다를 수 있다. 만일 투자가 목적이라면 시장 구조의 특징을 이해하고 소장하는 것이 바람직하다. 투자보다는 차를 즐기면서 자연스럽게 재테크가 된다면 인생에서 가장 좋은 투자가 될 것이다.

땅 속에서 나온 보이차

2000년 초까지는 골동보이차에 대한 자료가 거의 없었다. 보이차 생산에서부터 저장된 환경, 보이차의 출현 등에 관한 근거 없는 이야기들이 난무했다. 누구나 한번쯤 들었던 이야기는 나프탈렌 냄새가 나는 보이차다. '중국에서 빨리 발효시키기 위해 카바이트를 넣어 나프탈렌 냄새가 난다. 마시면 큰일이 난다'등은 흔히 듣던 보이차에 대한 황당한 이야기다. 1990년 중반부터 중국은 국가 운영 차창 외에 개인이 운영하는 중소형 차창들이 생겨나기 시작했다. 보이차 악퇴발효 기술의 부족으로 인해 발효가 잘못 진행된 숙차들이 유통되었다, 이런 차들에서 나프탈렌 냄새가 난 것이다. 골동보이차가 처음 한국에 소개되기 시작한 1990년 전후 약리적 효능이 입소문을 타고 보이차 마시는 인구가 늘어났다. 90년대 후반에는 홍콩은 물론 대만, 한국으로 집중적으로 소비되기 시작하면서 수요량이 늘어나 가격이 점점 상승하게 된다. 1990년대 홍콩 창고에서 쏟아져 나오기 시작한 보이차 중에는 같은 창고 일지라도 저장된 위치에 따라 차 상태의 편차가 컸다. 습기에 많이 노출되어 과발효過醱酵[62]가 진행되어 탄화 炭化[63]까지 진행된 보이차, 습기에 전혀 노출되지 않아 발효가 잘 이루어지지 않아 생산할 때 그대로의 맛을 지닌 보이차, 적당한 습도와 온도에 따라 미생물이 활동하여 병면이 깨끗하면서 발효가 잘 이루어진 보이차까지 품질과 발효 정도가 다양한 보이차들이 한 창고에서 나왔다. 유통 상인들과 소비자들은 홍콩의 보이차 저장 창고에 대한 불신으로 인해 골동보이차의 출현지인 홍콩보다는 보이차의 산지 중국으로 직접 가서 구입하는 일들이 생겨났다.

보이차의 전설 중에서 또 흔히 듣는 이야기는 땅 속에서 나온 보이차다. 운남을 비롯해 중국 어느 지역의 집 공사를 하기 위해 땅을 파니 보이차가 나왔다. 고택을 지은지 몇백 년이 지났으니 아주 오래된 보이차다. 문화대혁명 시기에 급하게 피신하면서 소장하고 있던 보이차를 땅 속에 묻어뒀다가 이제야 꺼냈다. 등의 스토리를 가진 보이차를 소장한 사람들도 있다. 이들은 지인 소개로 저렴한 가격에 흑차인지 보이차인지도 모르는 차를 많은 량을 소장하고 있다.

'보이차는 썩은 지푸라기 냄새가 난다'라는 말도 많았다. 골동보이차를 늘 마시던 소비자들은 향과 맛에서 금방 알아보지만 처음 접하면 그 특유의 향을 알지 못한다. 잘 발효된 골동보이차를 굳이 냄새로 표현하자면 옛날 시골 초가집에서 여름 장마철 비가 오고 난 후 햇살이 나면 올라오는 잘 곰삭은 향이 난다. 흙 냄새나 지푸라기 썩은 냄새가 아닌 잘 곰삭은 초가의 향이 난다. 이런 향을 우리는 쌉싸름한 장향이라고 표현한다.

우리가 알고 있는 대부분의 명품은 과한 스토리나 신비로운 이야기로 포장하지 않는다. 생산된 차창이나 저장환경, 오랜 세월을 거쳐 잘 보관된 차에서 나는 맛과 향 등은 어떠한 스토리가 필요 없다. 특정인을 위한 저렴하고 특별한 차는 존재하지 않는다는 것을 알아야 한다.

대만에서 주문해서
만들었다는 보이차

1990년대 후반쯤 만들어진 보이차를 1980년대 만들어진 보이차로 생산시기를 끌어올린 보이차를 자주 만난다. 이런 차를 유통할 때 1980년대에 대만 상인이 주문해서 만든 보이차라고 이야기하곤 한다.

감별하기 위해서 포장지 지질, 병면 찻잎 병배 방식, 내비 지질 등으로 접근해 보면 내비에 인쇄된 글자는 맹해차창출품이라고 인쇄돼 있지만, 실제 차는 맹해차창에서 만들어진 정창차가 아니라 중소형 차창에서 만들어진 보이차였다. 앞서 맹해차창에서 만들어진 보이차와 중소형 차창에서 만들어진 보이차를 감별하는 방법에 대해 언급하였기에 차근차근 접근한다면 어느 정도는 감별이 가능할 것이다.

유통과정에서 대만에서 주문해서 만들어진 보이차라고 설명하는 차들이 의외로 많다. 1970년대 대만 유학 시절에 구입한 보이차다, 1970년대 사업차 대만을 방문할 때 구입했던 보이차다. 여기에 대한 답을 알기 위해서는 대만에서 보이차를 마시기 시작한 시기와 중국 보이차 시장 변화 상황을 알고 있다면 간단하게 답을 찾을 수 있다.

대만에서 보이차가 최초로 보급되기 시작한 시기는 1980년 초반 이후에 홍콩과 보따리 무역을 하는 사람들을 통해 소개되었다. 1980년대 중반 타이중(대중)에서 홍콩 사람과 대만 사람이 합작하여 보이차를 정식 수입한 것이 최초이다. 이 시기만 해도 보이차가 알려지기 전이라 소비시장이 미미하여 판매가 용이하지 않았다. 1990년 초반 이후, 타이베이(대북)에도 보이차 전문점이 한 곳 두 곳 생겨나면서 조금씩 시장이 형성되기 시작한다. 1992년에 대만과 중국의 관계가 회복되면서 중국으로 왕래가 가능해지게 된다. 이러한 사실로 미루어 볼 때 대만에서는 1990년 중반 이후 정식으로 보이차를 중국에서 직접 수입하거나 아니면 주문 생산하게 된다. 홍콩만 해도 성차사(성공사, 운남성차엽분공사)를 통하지 않고 맹해차창에 직접 발주가 가능해지는 시기는 1985년이다. 1990년을 전후한 시기에 성차사에서 보이차 판매가 부진하자 직접 홍콩으로 영업을 나가 판매한 보이차가 우리가 흔히 알고 있는 7542계열인 88청병이다. 1990년 이전에는 대만, 중국, 홍콩, 한국 등에 보이차가 알려지기 전이라 소비시장이 미미했다는 것을 알아야 한다.

보이차의 생산연대를 가늠하기 위해서는 대만, 한국, 홍콩, 중국의 시장 상황 변화를 어느 정도 알고 있다면 객관적 판단이 가능하다. 생산연대를 감별하는 더 깊은 이해가 필요하다면 차가 만들어진 제다법을 이해하고 그러한 제다법이 언제부터 집중적으로 만들어졌는지 알면 된다. 눈으로 보면 같은 보이차지만 보이차에 따라 병면, 맛의 특징, 우려낸 엽저를 보면 차가 어떻게 만들어졌고, 저장 환경은 어땠는지를 알수있다. 차는 비밀이 없다.

청대의 보이차 억조풍호

보이차 감정을 의뢰받을 때 가장 많은 문의를 받는 보이차 종류가 억조풍호億兆豊號라는 보이차다. 억조풍호는 산차 형태로 자사나 청화백자 항아리 속에 들어 있거나, 우피 가죽으로 포장된 차가 있다. 긴압된 형태도 원형의 병차, 직사각형의 전차, 사발 엎어놓은 타차 등 다양한 형태로 포장되

청나라 시기에 만들어졌다는 보이차

어 유통되고 있다. 밀봉된 항아리에 붙어있은 흰 종이에는 억조풍호億兆豊號 만한다식滿漢茶食 광서光緒14년(1888년)이라고 적혀있다. 스토리도 다양하다. 조선시대 때 할아버지가 사신단 일행으로 따라가 그때부터 보관한 차다, 골동품 가게에서 발견한 차다, 돌려받을 돈 대신에 보이차를 받았는데 내용물은 밀랍으로 봉하여 모르겠으나 항아리가 골동품 전문가에 감정받은 결과가 진품이다. 등 매우 다양한 스토리가 있다.

억조풍호 종류 중에서 병차로 된 형태는 2012년 즈음에 중국 광동의 방촌시장에서 먼저 나왔다. 우피 가죽에 포장된 이 차의 스토리도 비슷했다. "아버지 직업이 의사였고 보이차 애호가였으며 많은 보이차를 소장하였다 돌아가시고 창고를 정리하던 중 많은 보이차 종류에 이런 차가 나왔다. 정확한 연도는 모르겠다."

보이차 두편이 포개져 우피로 포장된 생소한 형태의 차라 당시 골동보이차를 마시던 사람들도 그 차에 대해 몹시 궁금해 했다. 차를 구입해서 보니 생차가 아닌 숙차였으며 심지어 만든지 얼마되지 않아 숙미가 그대로 남아있었다.

그 후 억조풍호는 전차, 타차 등 다양한 형태로 시중에 나타났다. 보이차 시장에서 정보가 공유되면서 유통이 힘들게 되자 언제부터인가 골동품 판매장에서 유통되기 시작했다. 포장 형태도 더 다양해져 청화백자 항아리, 자사 항아리, 작은 천량차(백량차) 형태까지 발전했다. 그런 차들을 중국 경매시장에서 낙찰된 사진을 보여주면서 유통시키고 있다.

억조풍호를 중국 쇼핑몰에서 검색하면 다양한 종류의 차가 나온다. 우피 가죽위나 항아리에 붙은 종이를 보면 억지로 땟물을 올려 변색을 시킨 흔적을 볼수 있다. 종이는 전혀 산화되지 않고 무엇보다 글자는 붓글씨나 도장이 아닌 인쇄품이다. 차를 볼 수 있다면 대부분 악퇴시킨 숙차로 만들어져 진위를 금방 알아볼 수 있다.

알아두기

1) 김경우 「골동보이차」 차와문화 출판 2020년 18P

2) 공차貢茶 _ 황실에 진상하기 위해 특별히 잘 만든 좋은 차.

3) 김경우 「골동보이차」 차와문화 출판 2020년 18P

4) 차루茶樓 _ 음식과 차를 함께 판매하는 식당

5) 김경우 「골동보이차」 차와문화 출판 2020년 22P

6) 내소內銷판매 _ 중국 내륙 일부지역에 주로 판매 하는 차

7) 변소邊銷판매 _ 변방지역인 몽고, 티벳트에 주로 판매하는 차.

8) 교소僑銷판매 _ 화교들이 많이 살고있는 해외지역 홍콩, 마카오,
   말레시아, 싱가포르, 프랑스 기타등등 지역에 주로 판매하는 차.

9) 유념揉捻 _ 살청 후 이어지는 제다법으로 찻잎끼리 비벼주면서
   세포막을 파괴 시키는 과정.

10) 초제初制 _ 보이차를 특정 형태로 만들기 전 모차를 만드는 과정.

11) 김경우 「골동 보이차」 차와문화 출판 2020년 30P

12) 산화발효酸化醱酵 _ 공기 중 산소에 의해 찻잎의 성분이 변화되는
    발효이다. (실온에서도 미생물은 존재하나 보이차 발효에는
    아주 미미한 영향을 준다.)

13) 신정현 「보이차의 매혹」 2010년 122P

14) 위조萎凋 _ 찻잎을 실외나 실내에 늘어 놓고 시들기기 하는 과정이다.

15) 노엽老葉 _ 늦게 딴 찻잎을 말한다. 다 자란 후 찻잎은 녹색에서
    수분이 증발하면서 누렇게 변한다. 이런 찻잎을 황편黃片 이라고 한다.

16) 김경우 「골동보이차」 차와문화 출판 2020년 31P

17) 김경우 「골동보이차」 차와문화 출판 2020년 156P

18) 신광현 「쉽게 정리한 보이차 사전」 이른아침 2021년 208P

19) 진지동陳智同 「심수적칠자세계深邃的七子世界」 2005년 오행도서출판
    유한공사伍行圖書出版有限公司 18P

20) 오미伍味 _ 차에서 추구하는 다섯가지 맛. 쓴맛, 떫은 맛, 신맛,
    단맛, 짠맛이다.

21) 증청蒸靑 _ 뜨거운 증기에 찻잎을 살짝 쪄내어 효소가 활동하는 것을
    방지하는 살청과정이지만 보이차의 증청은 목적이 다르다.

22) 발수발효潑水醱酵 _ 바구니에 담긴 모차에 찻잎의 파손을 방지하기 위해
　　수분을 공급하여 의도하지 않은 발효가 진행된 차. 초창기 의도하지
　　않았지만, 과정을 통해 발효가 진행된 차가 좋다는 것을 알고,
　　이후 점차 조수발효 제다법으로 발전하게 된다.

23) 양개楊凱「호급골동차사전號級古童茶事典」오행도서출판伍行圖書出版
　　2012년 참고

24) 신정현「처음 읽는 보이차 경제사」나무 발전소 2020년 233P

25) 조수발효潮水醱酵 _ 의도하지 않았지만 모차에 물을 뿌려 발효가 진행
　　되는 방법에서 더욱 발전하여 적은 양의 모차를 쌓아두고 의도적으로
　　발효를 진행시키는 제다법

26) 진지동(陳智同)「심수적칠자세계(深邃的七子世界)」
　　2005년 오행도서출판유한공사(伍行圖書出版有限公司) 12P

27) 박홍관 저「보이차 도감」티웰 출판사 2023년 22p

28) 고수차古樹茶 _ 나무 수령이 300년 이상된 차나무.

29) 정창正廠 _ 맹해차창에서 생산된 진품 보이차를 말한다.

30) 국영차창國營茶廠 _ 국가에서 운영하는 차 생산 공장을 말한다.

31) 회감回甘 _ 차를 마시고 난 후 혀 밑이나 목젖에서 올라오는 단침을 말한다.
　　좋은 차의 첫번째 조건이다.

32) 팔중八中도안 _ 포장지 상단에는 포징지 가운데 도안에서 여덟 개의 중
　　(中)자와 가운데 차(茶)자가 들어간 도안

33) 병배拼配 _ 큰 찻잎과 작은 찻잎을 구분한 다음 크기 별로 다시 섞는 방법.
　　다른 용어로는 배방, 또는 블렌딩(Blending)이라고 한다.

34) 대익패大盆牌 _ 포장지 중앙에 대(大)자를 큰 글자로 가운데에 익(益)자를
　　넣어 만든 도안이다.

35) 진지동陳智同「심수적칠자세계深邃的七子世界」2005년 오행도서출판유한
　　공사伍行圖書出版有限公司 354P

36) 타차沱茶 _ 사발을 엎어 놓은 형태의 보이차 무게는 3g~250g까지 다양한
　　크기로 제작되었다.

37) 긴차緊茶 _ 버섯모양으로 생긴 보이차 중국에서는 버섯같이 생겼다하여
　　향고香菇차 라고한다.

38) 철병鐵餅 _ 유압기계로 강하게 긴압한 보이차 형태. 뒷면에 옴폭한 배꼽부분
　　이 있는 포병철병과, 배꼽부분이 없는 평판 철병으로 나눈다.

39) 진지동陳智同 「심수적칠자세계深邃的七子世界」
2005년 오행도서출판유한공사伍行圖書出版有限公司 138P

40) 진지동陳智同 「심수적칠자세계深邃的七子世界」
2005년 오행도서출판유한공사伍行圖書出版有限公司 139P

41) 내비內飛 _ 보이차를 긴압할 때 한편 한편마다 고유 상표를 표시하기 위해
넣은 미색의 작은 종이.

42) 내표內票 _ 보이차 포장지를 싸기전에 한편 한편 마다 고유 상표를
표시하기 위해 넣는 흰색의 큰 종이.

43) 운룡雲龍 _ 닥나무로 가공한 종이에 중간중간 보이는 섬유가닥(실).

44) 대표大票 _ 보이차 한건(12통) 속에 생산 차창, 생산 연도, 품질의 특성의
고유 상표를 표시하기 위해 넣은 큰 종이. 호자급 보이차나,
인자급 보이차에는 없다. 다른 용어로는 지표(支票)라고도 한다.

45) 우피지牛皮紙 _ 누런색이 나는 두꺼운 종이

46) 황변黃變 _ 병면 색상이 누렇게 변한 상태. 노란색 곰팡이가 발화되어 있다.

47) 농차濃茶 _ 차양을 자사호 크기에 비례해서 절반 정도 넣어서
진하게 우려 마시는 차.

48) 상규성常規性 _ 일정한 규칙에 따라 언제 어느 때 만들어도
동일한 상품이 유지되는 방법.

49) 진향陳香 _ 오랜 세월을 거쳐 적절한 발효를 통해 잘 숙성된 묵은 향.

50) 진미陳味 _ 오랜 세월을 거쳐 적절한 발효를 통해 잘 숙성된 묵은 맛.

51) 살면撒面 _ 보이차를 긴압할 때 병면을 보기 좋게 하려고
어린 찻잎을 고르게 넣는 과정.

52) 품차品茶 _ 차 맛을 느끼고 평가하면서 즐기는 일.

53) 매변霉變 _ 온도와 습도가 높아 과한 곰팡이가 생긴 차.

54) 입창入倉 _ 후발효가 잘 진행될 수 있도록 인위적 환경을 조성한
창고에서 일정 기간 보관하는 것을 말한다.

55) 거풍祛風 _ 실온에서 자연스럽게 차의 수분 함량이 낮아지면서 산화를 통해
끝맛을 편안하게 하면서 맛의 균형을 잡는 과정.

56) 퇴창退倉 _ 발효가 진행된 보이차를 건조한 환경으로 옮겨 주는 과정.

57) 길항작용 _ 여러 종류의 균이 섞여 있을 때 어떤 종류의 균은 잘
증식하는 반면에 다른 종류의 균주의 발육이 억제되는 작용으로
좋은 균주의 활동으로 나쁜 종류의 균주 활동이 억제되는 작용이다.

58) 논문 Fang Q Du M, Chen J, Liu T, Zheng Y, Liao Z, Zhong Q Wang L, Wang J(2020) Degradation and Detoxification of Aflatoxn B1 by Tea-Derived Aspergillus niger RAF106. J. Toxins Ver12(12):777

59) 교목형喬木形 차나무 _ 나무 몸통 주간(主幹)이 뚜렷하며 키가 높게 자라는 차나무.

60) 관목형灌木形 차나무 _ 나무 몸통 주간(主幹)이 뚜렷하지 않으며 서로 엉켜서 자라는 차나무.

61) 고수차 古樹茶 _ 수령이 300년 이상된 차나무의 잎으로 만든 차. 차나무 수령에 따라 100년 이상은 대수차, 70년~100년 사이는 노수차, 30~50년 사이는 소수차라고 구분하고 있다.

62) 과발효过醱酵 _ 생차이지만 발효의 단계를 지나 숙차처럼 발효가 너무 많이 진행된 단계.

63) 탄화炭化 _ 과발효된 차들을 우려내어 엽저를 살펴보면 딱딱하게 변해진 상태. 이런 차들은 우려보면 성분이 침출되지 않아 차 맛이 숙차처럼 얇다. 얇은 맛이 부드럽다고 혼돈하기도 한다. 다르게는 목질화라는 용어를 사용한다.

노老

보이차

품차와

감별

品
茶
與
鑒
定

별책부록

보이차
용어
사전

골동보이차古董 普洱茶 _

최소 50년 이상의 세월이 지난 1900년
초에서 1970년 중반까지 공인된 차창에서
만들어진, 풍부한 맛을 지닌 모차로
긴압한 차를 말한다. 이 차들은 적절한
저장 환경에서 자연적인 후발효를 거쳐
탄생 되었다. 골동보이차로는 호급과
인급의 보이차들이 있다.

국영차창國營茶廠 _

국가에서 운영하는 차 생산 공장을 말한다.
대표적인 국영차창은 맹해차창, 하관차창,
곤명차창, 보이차창 등이 있다.

공차貢茶 _

황실에 진상하기 위해 특별히
잘 만든 좋은 차.

긴압차緊壓茶 _

모차에 압력을 가해 특정한 덩어리 형태로
완성이 된 차. 병차(餠), 타차(沱),
전차(磚), 긴차(緊茶) 등이 있다.

교소僑銷 판매_

화교들이 많이 살고 있는 해외지역 홍콩,
마카오, 말레시아, 싱가포르, 프랑스 기타
등등 지역에 주로 판매한다는 말이다.

거풍祛風 _

실온에 차를 일정시간 노출시키는 것을
뜻한다. 차의 수분함량이 낮아지고, 산화를
통해 차의 끝맛이 편안하게 된다. 이른바
차 맛의 균형을 잡는 과정이다.

건창차乾倉茶 _

습도와 온도가 낮은 환경에 보관된 차.
건창차는 발효가 더디게 진행되어 변화의
폭이 작다. 좀 더 이해의 폭을 넓히자면
건창이란 의미는 저장하는 창고 환경의
개념이 아니라 발효된 차 상태의
개념으로 이해해야 한다.

교목형喬木形 차나무 _

나무 몸통 주간主幹이 뚜렷하며
키가 높게 자라는 차나무.

관목형灌木形 차나무 _

나무 몸통 주간主幹이 뚜렷하지 않으며
서로 엉켜서 자라는 차나무.

고수차古樹茶 _

수령이 300년 이상된 차나무의
잎으로 만든 차.

과발효过醱酵 _

발효의 단계를 지나 발효가 너무
많이 진행된 단계. 생차에서도 나타날 수
있지만 숙차에서도 나타날 수 있다.

노老 보이차陳年 普洱茶 _

생산된지 20년 이상의 세월이 지난
보이차면서 어느정도 발효가 진행된
보이차. 다른 용어로는 노老 보이차
普洱茶라고 한다.

노차老茶 _

최소 20년 이상된 보이차를 말한다.
10년 미만의 차는 신차, 10~20년
사이는 차는 중기차, 20년 이상된 차는
노차 또는 진년차라고 한다.

내소內銷판매 _

중국 내륙 일부 지역에 주로 판매 하는 차.

내비內飛 _

보이차를 긴압할 때 한편 한편마다
고유 상표를 표시하기 위해 넣은
흰색의 작은 종이.

내표內票 _

보이차 포장지를 싸기 전에 한편
한편마다 고유 상표를 표시하기 위해
넣는 흰색의 큰 종이.

농차濃茶 _

차의 양을 자사호 크기에 비례해서 절반
정도 넣어서 진하게 우려 마시는 차.

노수차老樹茶 _

수령이 70년~100년 전후의 차나무
잎으로 만든 차.

대표大票 _

보이차 한건(12통) 속에 생산차창,
생산연도, 품질의 특성의 고유 상표를
표시하기 위해 넣은 큰 종이. 호급 보이차
나 인급 보이차에는 없다. 다른 용어로는
지표(支票)라고도 한다.

대지차臺地茶 _

밀식다원에서 재배해서 키운 차.

대수차大樹茶 _
수령이 100년 전후의
차나무의 잎으로 만든 차.

모차毛茶 _
제다과정에서 1차 가공을
마친 차. 동일한 의미로 사용되는 용어는
차청茶菁, 모료 등이 있다.

미생물발효微生物醱酵 _
다양한 미생물 활동에 의해 차의 향과
맛이 변화되는 발효이다. 보이차는 후 발효
과정에서 산화 발효 보다는 미생물 발효가
차의 향과 맛의 변화 폭이 훨씬 크다.

매변霉變 _
온도와 습도가 높아 과한 곰팡이가 생긴 차.

병배拼配 _
큰 찻잎과 작은 찻잎을 구분한 다음 크기
별로 다시 섞는 방법. 다른 용어로는 배방,
또는 블렌딩(Blending)이라고 한다.

변소邊銷판매 _
변방 지역인 몽고, 티벳트에 주로
판매한다는 말이다.

발수발효潑水醱酵 _
찻잎의 파손을 방지하기 위해 바구니에
담긴 모차에 물을 뿌렸으나 의도하지
않은 발효가 진행된 차.

반생반숙半生半熟 _
숙 모차와 생 모차를 섞어서 긴압한 차.

산차散茶 _
완성된 차를 압축을 하지 않고 흩뜨려져
있는 차.

생차生茶 _
발효시키지 않은 모차로 완성된
긴압차나 산차.

생병生餠 _
발효시키지 않은 모차를 떡처럼 둥글게
긴압한 차. 다른 용어로는 청병靑餠이 있다.

숙차熟茶 _
찻잎을 쌓아두고 물을 뿌려 인위적으로
발효시킨 차. 1970년대 이전 숙熟의
의미는 익은 차를 통칭하였다.

숙병熟餠 _
숙모차를 둥글게 떡처럼 긴압한 차.

산화발효酸化醱酵 _

공기 중 산소에 의해 찻잎의 성분이 변화
되는 발효이다. 실온에서도 미생물은 존재
하나 보이차 발효에는 아주 미미한
영향을 준다. 실온에서 저장한
차들은 주로 산화발효가 진행된다.

살면撒面 _

보이차를 긴압할 때 병면을 보기 좋게
하기위해 어린 찻잎을 고르게 넣는 방식.

숫자급 보이차 _

1972년 이후에 생산된 숫자로 표기된
보이차의 통칭이다. 포장지 상단에는
운남칠자병차雲南七子餅茶로 표기되어
있다. 숫자급 보이차로는 대남인, 수남인,
하관철병, 7432, 7542, 7572, 7532,
7582, 8582 등이 있다.

상규성常規成 _

일정한 병배 방법에 따라 언제 어느 때
만들어도 동일한 품질이 유지되는 방법.

습창차濕倉茶 _

습도와 온도가 아주 높은 창고에서
보관된 차를 말하며, 통풍이 제대로
이루어지지 않아 지나치게 매변이 많이
발생한 차를 일컫는다. 좀 더 이해의
폭을 넓히자면 습창이란 의미는 저장하는
창고 환경의 개념이 아니라 발효된 차
상태의 개념으로 이해해야 한다.

생태차生態茶 _

소식다원에서 유기농으로 키운 교목차.

소수차小樹茶 _

수령이 30년 전후의 차나무 잎으로
만든 차.

인급 보이차印級 普洱茶 _

1950~1970년 사이에 생산된 보이차
중에서 차 이름 뒤에 00인(印)로 불리는
보이차의 통칭이다. 인급 보이차로는 홍인,
홍인철병, 무지홍인, 람인, 람인철병,
황인, 곤명철병, 광운공병 등이 있다.

유념揉捻 _

찻잎끼리 비벼주면서 세포막을 파괴시켜
뜨거운 물을 부었을 때 차의 성분이 침출
되도록 차를 만드는 과정. 차를 만들 때
찻잎을 비벼주는 과정을 말한다.

위조萎凋 _
찻잎을 실외나 실내에 늘어 놓고
시들리기를 하는 과정이다.

악퇴발효渥堆醱酵 _
찻잎을 쌓아두고 인위적으로 물을 뿌려
발효를 시키는 과정이다. 젖은 찻잎은
미생물이 활동하면서 열이 발생하고 이
과정을 통해 차의 떫은 맛과 쓴맛이
분해되어 없어진다.

우피지牛皮紙 _
누런색이 나는 두꺼운 종이.

오미伍味 _
차에서 추구하는 다섯 가지 맛. 쓴맛, 떫은
맛, 신맛, 단맛, 짠맛이 있다.

입창入倉 _
후 발효가 잘 진행될 수 있도록 인위적
환경을 조성한 창고에서 일정 기간 보이차
를 보관하는 것을 말한다.

정창차正廠茶 _ 차가 생산된 공장의 진품차
를 말한다. 다른 용어로는 정품차가 있다.

중소차창中小茶廠 _
국가에서 운영하는 대형 공장에 납품하는
국가나 개인이 운영하는 작은 차창들을
말한다. 통칭해서 중소형차창이라고 한다.

조수발효潮水醱酵 _
모차에 물을 뿌려 발효가 진행된 발수발효
에서 더욱 발전하여 적은 양의 모차를
쌓아두고 의도적으로 발효를
진행 시키는 제다법이다.

팔중八中도안圖案 _
포장지 상단 도안에 여덟 개의 중(中)자와
가운데 차(茶)자가 들어간 도안을 말한다.

진향陳香 _
오랜 세월 적절한 발효를 통해 잘 숙성된
묵은 향.

진미陳味 _
오랜 세월 적절한 발효를 통해 잘 숙성된
묵은 맛.

차창茶廠 _
차를 전문적으로 생산하는 공장을 말한다.

철병鐵餠 _

유압기계로 강하게 긴압한 보이차 형태.
뒷면에 옴폭한 배꼽 부분이 있는 포병 철
병과, 배꼽 부분이 없는 평판 철병으로 나
눈다. 대표적 철병으로는 홍인철병, 남인철
병, 곤명철병, 하관철병 등이 있다.

차루茶樓 _

음식과 차를 함께 판매하는 식당.

초제初制 _

보이차를 특정 형태로 만들기 전
제다과정을 거친 차.

호급 보이차號級 普洱茶 _

1956년 이전 개인 차 공장에서 생산된
보이차이면서 이름 끝자리가 00호 불리는
보이차의 통칭이다. 호급 보이차에는
복원창, 건리정 송빙호, 동흥호, 동경호,
동창호, 정흥호, 경창호, 강성호, 동창
황기, 백지건리정 송빙호, 사보공명,
복록공차, 맹경원차, 말대긴차 등이 있다.

회감回甘 _

차를 마시고 난 후 혀 밑이나 목젖에서
올라오는 단침을 말한다.
좋은 차의 첫째 조건이다.

퇴적堆積 _

차를 발효시키는 과정에서 마른 찻잎을
쌓아두는 것을 말한다. 이 과정에서
산화발효가 진행된다.

통표筒票 _

호자급 보이차에서 한 통 속에 제일 위와
두 번째 사이에 고유 상표를 표시하기
위해 넣은 종이. 숫자급 보이차나,
인급 보이차 속에는 없다.

퇴창退倉 _

발효가 진행된 보이차를 건조한
환경으로 옮겨 주는 과정.

탄화炭化 _

과발효된 차들을 우려내어
엽저를 살펴보면 나무토막처럼 딱딱하게
변한 상태. 이런 차들은 우려보면 성분이
침출되지 않아 차 맛이 숙차처럼 얇다.
차를 모르는 사람들은 차의 얇은 맛이
부드럽다고 혼돈하기도 한다. 다르게는
목질화라는 용어를 사용한다.

●

초판 1쇄 2023년 10월 22일

지은이 김경우

인쇄 지성기획

발행처 차와문화

편집. 디자인 차와문화

●

등록번호 종로 마 00057

등록일자 2006. 09. 14

차와문화 서울 종로구 계동길 103 - 4

편집부 070 - 7761- 7208

이메일 teac21@naver.com

＊

사진의 일부는 '심수적칠자세계深邃的七子世界'에서 제공받아 사용하였습니다.

ISBN 979-11-86427-08-8 (03300)